불굴의 중소기업 사장 40인의 이야기

중소기업인

이 치 구 지음

韓國經濟新聞社

머 리 말

그 동안 친하게 지내오던 동우정밀공업의 정성근 사장으로부터 전화가 왔다. 그는 통화가 이뤄지자마자 안부를 전할 틈도 없이 울먹였다.

『어제 부도를 당했습니다. 지금 절간에 피신 중인데, 자세한 얘기는 며칠 뒤 만나서 하겠습니다. 그 동안 감사했습니다.』

이렇게 말하고 그는 끝내 울음을 터뜨렸다.

2주일 뒤 퇴근 무렵 아무런 예고도 없이 그가 불쑥 찾아왔다. 평소 깨끗이 빗어 넘긴 머리카락과 말끔한 신사복 차림은 온데간데 없고, 허름한 파카에 낡은 구두를 신고 있었다. 요즘 3만 원만 줘도 폴리에스테르 파카를 시장에서 사 입을 수 있는데, 그가 입은 옷은 오래돼 많이 탈색된 것이었다.

우리는 중림시장 아래쪽의 국밥집을 찾아갔다. 국밥 두 개와 소주 한 병을 주문했다. 정 사장은 다짜고짜 소주 두 잔을 연거푸 마시더니 피를 토하듯 한숨을 내쉬었다.

『부도를 당하고 보니 세상 인심이 이렇게도 흉흉한 줄 몰랐습니다.」눈물을 글썽이며 거듭 큰숨을 내리 쉬었다. 지금 살고 있는 상계동 집에는 채권자가 신발을 신은 채 안방을 차지해 드러누워 있으며, 어음을 못 막아준 거래업자는 조직 폭력배를 동원해 매일 가족들을 괴롭히고 있다는 얘기부터 끄집어냈다. 순대국밥을 들며 얘기하는 그의 모습은 전처럼 깔끔하지 않은데다 땀을 심하게 흘렸고, 음식도 쩝쩝 소리내며 먹는 듯했다.

정 사장은 거래하던 사채업자가 부쳐준 돈으로 끼니를 챙겨먹고 시골 정미소에서 막일을 하다가 그 날 오후 서울로 올라오는 길이라고 했다.

부도를 당하고 보니 주변 사람들이 그렇게 흑백을 달리할 수 없더라는 것이 그의 거듭된 결론이었다. 아끼던 사람에겐 모멸을 당하고, 전혀 엉뚱한 사람으로부터 도움을 받게 되는 아이러니를 어떻게 설명해야 할지 모르겠다는 거였다. 그랜저 승용차를 타고 환한 모습으로 나타나던 그가 버스 토큰을 챙기며 어깨를 구부린 채 돌아서 가는 모습을 보며「저 양반이 어쩌다 이 지경이 되었나」라는 탄식이 몰려왔다.

올해로 중소기업의 현장을 찾아다닌 지 꼭 20년째. 7년 간은 경제단체인 중소기업협동중앙회에서 중소기업 실태조사 및 정책입안 업무를 위해 현장을 구석구석 돌아다녔고, 12년 동안은 중소기업 전문기자로서 기업현장에서 뛰었다.

20년에 이르는 체험을 쌓았지만 아직도 정 사장처럼 부도를 내고 작별인사를 하러 찾아오는 기업인을 볼 때면 늘 깊은 비애감에 사로잡힌다.

「과연 중소기업 기자로서 내가 할 수 있는 일이 무엇인가?」이렇게 되묻게 된다. 나름대로 소명감을 가지고 힘을 다해봤지만 한계에 부딪칠 때가 많았다. 그럴 때마다 나는 심한 울분을 느끼곤 한다.

그러나 허탈감을 딛고 다시 한번 다짐해본다. 중소기업을 위해 기자로서 해야 할 일이 따로 있지 않은가. 공무원, 금융기관, 학계에서 해야 할 일이 따로 있듯이 말이다.

급성장하는 중소기업의 번지르르한 겉면만 볼 것이 아니라, 이들과 함께 울분을 터뜨리기도 하고 함께 기뻐하며 현장을 파고드는 것이 기자의 참된 자세가 아니겠는가.

20년 간 참 숱하게도 많은 현장을 찾아다녔다. 먼지 풀풀 날리던 봉제공장이 최첨단 반도체 통신장비업체로 바뀌는 과정을 함께 겪기도 했다.

그 동안 받아둔 대표이사의 명함만 어언 3,400여 장에 이른다. 아마 우리나라에서 대표이사 명함을 나만큼 많이 받아놓은 사람은 거의 없을 것이다.

현재 가지고 있는 명함 중 1,000장 가량은 이미 쓸모 없어졌다. 동우정밀 정성근 사장의 명함도 그럴 처지가 될 뻔했다.

그러나 며칠 전 정 사장으로부터 다시 전화가 왔다.

이번엔 너무나 기쁜 소식이었다. 자신이 가지고 있는 세라믹 성형 기술이 첨단기술임을 인정받아 벤처 회사에서 투자를 하기로 했다는 거였다. 삼촌의 명의로 포천 공장을 다시 돌리기 시작했다며….

그의 목소리는 희망에 차 있었다. 자신감에 넘쳐 있었다. 이제 정 사장은 이전보다 더 알차고 발전적인 기업인으로 성장하리라는 예감이 들었다.

이처럼 우리나라 중소기업의 환경은 힘겹고 척박하지만 미래는 예상외로 밝다. 왜냐하면 우리 기업인들은 이러한 역경을 딛고 활기찬 미래를 개척할 수 있는 강인한 정신력을 갖추고 있기 때문이다.

이 책에서는 이런 기업인의 정도를 걷고 있는 인물들을 집중 발굴해 제시하고자 한다. 그 동안 만났던 수많은 중소기업 사장 가운데 성실하고 부지런하며 올바른 길을 걷는 기업인들만 선정했다.

영세기업일 때 만났던 기업인이 지금은 중견그룹 회장이 되기도 했고, 오랜 실업자 생활을 견디지 못해 자살을 시도했다가 마음을 고쳐 먹고 중견기업인으로 성장한 사례도 있다. 미사일을 만들던 연구원이 정수기 사장이 되는가 하면, 대학 때 쓰던 책상 하나와 팩시 한 대로 출발했으나 29세 나이에 국내 레이저 가공부문의 선두업체가 되기도 한다.

한 사람의 실수로 하룻밤 사이에 300마리의 젖소가 죽어버려 수십 억 원의 재산을 몽땅 날린 농장주가 참담함을 딛고 빚더미에서 다시 일어서서 아홉 개 중소기업의 회장이 되는 과정도 소개된다.

30년 간 4시간 이상 잠 자보지 않고 오직 나사만 만들어온 사장, 암 선고를 받고서도 『기업인은 공장에서 죽는 것이 명예다』라며 밤 늦은 시간까지 공장에서 일하는 사장도 있다.

택시기사, 선장, 용접공, 중소기업 국장을 지낸 공무원, 외판원, 교수 등 출신직업도 다양하다. 이들은 바로 생생한 현장의 주인공들이다.

이들의 삶은 어떤 드라마보다도 더 극적이다. 그래서 어떠한 소설보다도 더 진한 감동이 배어 있다. 여기에 등장하는 기업인 이야기는 하루이틀의 취재를 토대로 쓴 것이 결코 아니다. 적어도 몇 년 간 그들과 함께 살과 가슴을 부대끼면서 서로 토로한 내용을 적은 현장기록이다.

　상당 부분은 〈한경 비즈니스〉의 「이치구의 기업인 탐구」에 나온 인물들임을 밝힌다. 이 책이 나오도록 도와주신 김홍기 님, 김형철 님, 양정진 님께 감사를 드린다. 그리고 정성근 사장님 힘내십시오.

1997년 2월
이 치 구

차 례

1

자산기업 이용덕 사장

비 온 뒤에 땅이 굳는다

지난 1991년 1월4일. 거울 생산업체인 자산기업의 이용덕 사장
(53세)은 이 날을 결코 잊지 못한다. 그가 30년 간 기업을 경영해오
면서 이 때만큼 큰 충격을 받은 적은 없다.

그 날은 마침 주말이라 휴가차 제주도 서귀포에 가 있었다. 저녁
때쯤 회사에서 급한 일이 있다며 전화연락이 왔다.

『사장님, 회사에 조그마한 사고가 일어났습니다.』전화를 건 이해
윤 상무는 용건을 빨리 말하지 않고 자꾸 머뭇거렸다.

이 사장은 도대체 무슨일인데 그러느냐며 다그쳤다.

『공장이 불에 탔습니다.』이 얘기를 듣는 순간 그는 머리가 어찔
했다.

공장에 화재가 나다니…. 수십억 원을 투자해 고생 끝에 완벽한
자동화 라인을 설치해 놓았는데 불이라니….

일반 소비제품의 경우 보험에 들어 있다면 불이 나더라도 큰 손해
를 볼 것이 없었으나, 거울은 가동을 멈추면 엄청난 피해를 한꺼번에
입기 때문에 그는 화재소식에 놀라지 않을 수 없었다. 게다가 이미
주문을 받아놓은 건설회사 등에 납기를 지키지 않으면 다음 주문이
끊어지는데다, 대부분이 어음 거래여서 가동이 중단되면 자금줄까지

막혀버리는 결과를 초래하기 때문이었다.

밤새껏 전화통화로 체크해본 결과 화재는 자동 도장 라인에 장착된 센서 고장으로 적외선 오븐이 과열되어 일어났다는 판단이 내려졌다.

그렇다면 센서를 국내에서 구할 수도 없을뿐더러, 다른 라인도 많은 손상을 입어 적어도 3~4개월은 걸려야 복구가 가능했다.

그러나 이 사장은 그렇게 오랫동안 공장을 멈출 수는 결코 없다는 단안을 내렸다. 한 달 이내에 복구할 수 있는 길을 찾아보자고 직원들에게 당부했다.

이튿날인 일요일 첫 비행기로 올라와 공장에 막상 도착해보니 망연자실할 수밖에 없었다. 라인 전체가 새까맣게 타 어디가 어딘지 제대로 분간조차 할 수 없었다.

정신을 가다듬고 월요일 새벽 6시에 전직원을 불러 모았다. 일단 모인 직원들에게 화재로 입은 피해를 집계하도록 했다.

그러고는 꾸중보다는 격려를 했다. 『우리 모두 힘을 냅시다.』

그러자 직원들이 앞장서기 시작했다. 누구 하나 제 몸 아끼지 않고 검게 탄 공장 안을 돌아다니며 까맣게 된 얼굴로 정신없이 일했다.

복구를 위한 플로 차트를 짜고 각자 맡은 역할을 신속하게 처리해 나갔다. 완벽한 역할분담체제로 전 직원이 일사불란하게 움직인 것이다.

조립용 볼트를 맡은 직원은 청계천에 나가 알맞은 부품을 최대한 빨리 구해오고 식사담당은 온종일 라면만 끓여댔다.

모두들 열기에 차서 일했다. 관계회사의 도움으로 운 좋게 센서도 국내에서 구할 수 있었다.

당초 아무리 빨라도 한 달 반은 걸릴 것으로 계산했던 복구가 불과 열흘 만에 끝을 맺었다. 열흘 만에 공장을 완전복구했다는 사실에 사원들 스스로도 놀랐다.

자산기업이 10일 만에 다시 가동에 들어갔다는 사실이 업계에 알려지자 격려금이 쇄도하기도 했다. 많은 사람들이 운전자금에 보태 쓰라며 지원해줬다.

화재 후 첫 가동에 들어간 날은 막걸리 파티를 열고 전 직원이 감격에 겨워 눈물을 흘렸다.

비 온 뒤에 땅이 굳어지듯 사원들 간의 결속이 얼마나 큰 힘을 발휘할 수 있는지 실감하는 계기가 되었다.

자산기업은 이 화재로 상당한 피해를 입긴 했으나 「사원들의 응집된 힘」이라는, 더 값진 재산을 얻게 되었다.

사실 화재 이전까지는 1989년 초에 일어난 분규로 노사 간에 다소 앙금이 남아 있었으나 이런 갈등을 말끔히 씻어내는 바람직한 결과를 얻었다.

이후부터 이 사장은 사원들이 자발적으로 일할 수 있는 풍토를 만드는 데 최선을 다하고 있다.

사실 이용덕 사장은 우리나라 거울산업의 산증인이라고 할 수 있다. 그가 거울사업에 손을 대기 시작한 것은 1965년부터였다.

고등학교를 졸업하자마자 형님이 시작한 거울공장에서 작업과 영업 일을 함께 맡아 했다. 그는 은평구 갈현동 대지 102평 건평 50평의 공장에서 거울 뒤에 은을 입히는 작업을 하거나 전국의 아파트 공사현장을 돌며 거울 주문을 받았다. 그러나 이 때 제작한 거울은 오랫동안 쓰면 거울의 뒷면이 썩어버리는 단점이 있었다.

1974년 이 사장은 어떤 식당에 들어갔다가 아주 특이한 사실을 발견했다. 오래 된 거울일지라도 페인트로 글씨를 쓴 부분만 썩지 않은 채 잘 보존된다는 사실을 발견한 것이다.

이 사실을 제비표 페인트에 알려주고는 적합한 페인트를 개발해달라고 요청했다. 페인트 회사는 곧 이 도료의 개발에 착수했다.

거울용 특수수지 도료가 개발되자 건설회사들은 자산기업의 브랜드인 「보오미 거울」만 찾았다.

특히 주택공사는 무려 3년 간 특수수지를 쓴 보오미 거울만 썼다. 그는 이를 발판으로 지난 1979년 파주에 1,200평의 공장 부지를 마련했다.

이 때 파주에 자리를 잡은 자산기업은 현재 대지 4,500평에 건평 2,200평의 완전 자동화된 거울생산 공장을 갖추게 되었다.

1. 자산기업 이용덕 사장

파주에서 법원리로 들어가는 길 왼편에 자리잡은 자산기업의 공장 안에 들어서면 로봇들이 판유리를 스스로 날라다 라인 위에 놓고 거울을 제작해가는 신기한 과정을 볼 수 있다. 더욱이 거울 하나를 만드는 데 온갖 정성을 쏟는다는 사실에 차츰 경이감을 느끼게 된다.

옛날 거울을 쳐다보면 얼굴이 약간 이그러져 보이는 것이 많았다. 그러나 보오미 거울 제품 중에는 결코 이런 거울이 나올 수 없으리라는 짐작을 하게 된다. 플로트(float) 공법으로 만들어진 첨단 판유리를 재료로 쓰는데다 면세척공정을 비롯해 은을 입히는 공정, 코팅 도장공정, 열처리 건조공정 등이 전산처리 시스템으로 완벽히 가동되기 때문이다.

거대한 판유리는 100m에 이르는 제경 라인을 통과하면서 생생한 거울로 탈바꿈한다. 거울을 절단하는 공정도 컴퓨터가 제어한다. 직선·곡선 등을 완벽하게 잘라 다양한 용도에 맞게 쓸 수 있도록 하고 있다.

현재 주택공사, 현대건설, 신동아건설, 선경건설 등 국내 유명 건설회사 대부분이 보오미 거울을 사용하고 있다.

이처럼 보오미 거울이 업계에서 인정을 받게 된 것은 오직 거울에만 30년 이상 몸 받쳐온 이 사장의 피와 땀이 서려 있기 때문인 듯하다. 그러나 이 사장은 이런 공과를 사원들의 응집된 힘의 결과라며 겸손해한다.

이 사장은 고등학교만 졸업하고 현장에 뛰어드는 바람에 대학은 늦게서야 다닐 수 있었다. 건국대를 졸업한 그는 최근 서울대 경영대학원을 다니며 늦게나마 새로운 경영이론을 공부하기도 했다.

이제 독일의 거울인증기관인 DIN테스트에 합격할 만큼 품질을 갖추었지만, 돌이켜보면 늘 흙먼지 이는 험한 길을 이겨내고 걸어왔다고 술회한다.

화재가 나기 전인 지난 1984년에는 거래업체가 부도를 내는 바람에 심한 자금난에 시달리기도 했다. 그 해 초 서울에 있는 아파트 건설업체인 홍덕실업이 거울 납품대금으로 건네준 어음 1억 2,000만 원을 부도 낸 것이었다. 당시 홍덕실업은 홍천과 부산 등에 많은 아파트를 세웠다. 자산기업은 이 회사로부터 유리값을 한 푼도 받을 수 없게 된 것이었다.

이 회사가 발행한 어음이 1985년 5월부터 밀려들어오기 시작했다. 그는 이들 어음을 막느라 몇 달을 정신없이 뛰어다녔다. 다가오는 어음을 감당하지 못해 혼자서 땅바닥에 주저앉아 많이 울기도 했다. 이렇게 갖은 고생을 하면서 거울사업을 계속해온 터라 거울에 대한 이 사장의 애착은 남다르다.

대부분 기업을 이뤄 돈을 벌면 사업을 다각화하는 경향이 있지만 이 사장은 거울 외에 다른 사업에는 관심이 없다.

복층유리 가공업체를 하나 더 설립했지만 그의 동생에게 경영을 맡겼다. 이 사장은 앞으로도 더 좋은 거울을 만드는 일에만 온 힘을 쏟겠다고 다짐한다.

최근 시설비가 많이 드는 컴퓨터 자동제어 면취기를 새로 도입한 것도 이러한 이 사장의 「거울 사랑」에서 비롯된 것이 아닌가 한다.

2.

명화금속 임정환 사장

특허 150개 딴 나사 박사

경기 시화공단에 있는 명화금속의 나사공장을 찾았을 때는 마침 점심시간이었다. 오랜만에 만난 임정환 사장(60세)을 졸라 공장 구경에 나섰다.

보통 점심시간에 이런 제조공장을 둘러보면 라인을 정지시켰기 때문에 조용하기 이를데 없다.

그러나 이 회사의 나사공장은 전혀 그렇지 않았다. 공장 안에는 종업원이 한 명도 없었으나, 나사생산 설비들은 요란한 소리를 내며 완전 가동되고 있었다.

철선이 끊임없이 물려 들어가고 절단·절삭·표면처리 등을 거쳐 마지막 공정에서는 볼트·너트 및 나사들이 계속 쏟아져 나왔다.

「단 한 사람의 직원도 없는데 공장가동률 100%가 어떻게 가능할까」 하는 의구심이 생겼다.

『바로 자동화 덕분입니다.』임 사장은 공장자동화가 이뤄낸 성과라고 설명한다.

나사를 만드는 전 공정이 자동화되어 있어 종업원이 없는 점심시간이나 한밤중에도 공장은 잠시도 쉬지 않고 돌아간다는 것이다.

완벽한 자동화기기를 설치하면 당연히 공장이 24시간 가동될 수

#

있을 것이다. 그렇지만 중소기업으로서 이런 자동화장비를 설치하려면 엄청난 투자비가 소요된다. 따라서 자동화의 필요성은 일반적으로 인식하고 있지만 자동화설비에 소요되는 자금을 감당해내기 어려워 쉽게 추진하지 못하게 마련이다.

그런데 명화금속은 어떻게 이 돈을 다 감당했을까. 이런 생각을 하면서 이 공장 뒤뜰을 지나가는데, 버려진 채 방치되어 있는 철판 조각 더미가 보였다.

『여기 버려진 철판들은 도대체 무엇입니까?』임 사장에게 물어보았다.

그는 이 공장에 설치된 자동화기기들을 만들고 남은 철판이라고 대답했다.

『아니, 자동화설비를 직접 만든단 말씀입니까?』임 사장은 별다른 표정 없이 그렇다고 대답했다. 이어 이 공장 안에 있는 모든 기계와 설비는 한결같이 임 사장이 직접 만든 것이라고 말했다.

사장이 기계를 직접 만들다니. 더욱이 이런 첨단 자동화설비까지 직접 만들어낸다는 설명에 놀라지 않을 수 없었다.

임 사장이 국내에서 「나사 박사」로 잘 알려져 있는 것은 익히 알고 있었지만 설비까지 직접 제작할 만큼 높은 기술을 갖추고 있는 줄은 미처 몰랐다. 무척이나 놀라운 일이었다. 그러나 임 사장의 지난 얘기를 자세히 듣고부터는 「이 정도 기계를 만드는 것은 당연하겠구나」라는 생각이 들었다.

그가 기계분야에 처음 종사하기 시작한 것은 6·25전쟁의 상흔이 채 가시지 않은 지난 1954년부터였다.

당시 중학교 1학년이었던 그는 서울 영등포 상의용사회관 뒤에 있는 고주파라는 엔진 생산업체의 공장에 취업했다.

일본 사람들이 운영해왔던 이 회사는 기계분야의 기술이 상당히 앞서 있었다. 그는 이 곳에서 엔진의 피스톤을 감싸는 슬리브를 만드는 일을 했다.

처음에는 수없이 꾸중을 들어가며 기계를 만지기 시작했으나, 차츰 능력을 인정받으며 대학을 졸업할 때까지 꼭 10년 간 이 공장에서 일했다.

공장 안에는 100여 명의 공원들이 근무했지만, 학교를 다니는 사람은 임 사장뿐이었다. 낮에는 공장에서 일하고 저녁에는 학교까지 2시간을 걸어가고 걸어오는 처지여서 잠을 잘 틈이 거의 없었다.

이 때부터 생기기 시작한 버릇 탓에 예순이 지난 지금까지 하루 4시간 이상을 자본 적이 없다고 한다. 그나마 4시간을 자면서도 중

간에 두 차례 이상 잠에서 깬다는 것이다. 제품개발을 비롯해 회사경영에 관한 영감이 떠오르면 메모를 하기 위해서란다.

이처럼 잠도 자지 않고 기계분야에만 오직 달려온 기간이 어언 43년째가 됐다. 지난 43년 간 그가 개발한 기술은 약 800여 가지다. 이 가운데 국내외 특허를 획득한 것만 해도 150개에 이른다. 그는 휴일이면 가끔 낚시를 즐긴다.

지난 1991년 일요일이었다. 안산에 있는 저수지에 낚시를 하러 나갔다가 낚시찌를 보면서 문득 낚시찌와 비슷하게 생긴 나사를 만들면 어떨까라는 생각이 떠올랐다. 이를 건축용 및 자동차부품용으로 개발하면 효율적일 수 있겠다는 판단이 섰다. 임사장은 그 길로 낚시도구를 챙겨들고 공장으로 달려갔다.

우선 도면을 그리기에 앞서 철선을 절단해 절삭공정을 거쳐 시제품을 만들어보았다. 낚시찌와 비슷하게 생긴 모습이 독특한 만큼 체결기능도 뛰어났다. 두 개 이상의 나사가 필요한 체결부분을 한 개의 나사로 체결할 수 있게 했다.

임 사장은 다음날부터 이 브라인드 리벳을 제품화하는 설계작업 및 기계제작에 들어갔다. 이어 이를 자동화하는 설비도 제작했다.

지금 명화금속은 낚시찌에서 힌트를 얻은 브라인드 리벳을 연간 3억 6,000만 개씩 만들어내고 있다.

명화금속의 제품은 독일의 에조트를 비롯해 영국의 에코파스트, TFS사 등에 납품되고 있다.

임 사장은 『기계부품의 품질이 우수하기로 유명한 독일의 에조트가 명화금속 제품을 쓰는 것은 우리의 품질을 인정하기 때문입니다』라고 밝힌다.

　시화공단 성곡동에 대지 2,800평, 건평 1,007평의 공장을 가진 명화금속은 신용보증기금으로부터 우량기술기업으로 선정됐고, 중소기업은행으로부터는 유망중소기업으로 선정되었다.

　이제 이 회사는 국내 기업보다는 해외기업과 경쟁하고 있다. 이미 일본 등에 국제특허 5개를 보유하고 있어 기술 면에서는 자신이 있다. 특히 중소기업진흥공단 자동화센터의 도움으로 자동화기기를 혁신해 1분당 350개의 나사를 생산할 수 있는 설비를 갖추면서부터 미국과 유럽 시장을 휩쓸기 시작했다.

　실제 일본의 나사공장에서도 1분당 200개를 생산하며, 대만은 180개를 생산하는 데 그치고 있어 외국 선진기업과의 경쟁에서 앞서기 시작한 것이다. 덕분에 매출이 매년 50% 이상씩 증가하고 있다.

　요즘 모든 회사들이 여가활용을 위해 근무시간을 줄이는 데 급급해하지만 이 회사는 매일 「2시간 일 더하기 운동」을 벌이고 있다. 아직까지 국제경쟁에서 살아남기 위해서는 일을 더 많이 해야 한다는 것이 임 사장의 지론이기 때문이다.

　이처럼 열심히 일하는 종업원에 대한 임 사장의 배려도 남다르다. 그는 자신이 가지고 있는 주식 중 49%를 직원들에게 나누어 주기로 하고 이를 변리사에게 공탁해놓았다.

　43년 간 나사 만드는 일에 종사해온 임 사장은 올해 초부터 새 사업의 원대한 꿈을 펼치고 있다. 바로 나사백화점을 만들자는 것이다. 이 나사백화점을 서울 및 전국 시·도에 한 개씩 만들어 수요자들이 5,000여 가지에 이르는 다양한 품목의 나사를 한 자리에서 구할 수 있도록 할 방침이다. 임 사장의 나사백화점 계획에는 이미 형호금속, 신한너트 등 20여 개 볼트·너트 나사업체들이 참여하기로 했다.

이미 이들 업체는 자사의 생산품을 상호 공개함으로써 수요자들이 쉽게 제품을 납품받을 수 있도록 해놓았다.

나사 박사인 임 사장은 이제 제품 개발단계를 벗어나 나사 유통분야의 생산성까지 혁신해나간다는 계획을 세워놓다. 평생 나사를 만드는 데 몸 받쳐온 그에게 거는 업계의 기대는 아직도 크기만 하다.

3

대원그룹 박도문 회장

불굴의 직관력 가진 참기업인

울산에 있는 대원그룹의 박도문 회장(55세)은 강관 및 운송장비 제조업을 하는 대원기공을 주축으로 국내외에 아홉 개의 중소기업을 거느린 중견그룹 회장이다.

놀랍게도 이 튼튼한 그룹의 첫발은 영세하기 짝이 없는 모기장 장사에서 시작됐다.

지난 1968년 겨울 박 회장은 대학을 졸업하고 현대자동차에 입사한 지 1년 6개월 만에 사표를 내고 모기장 사업을 시작했다. 당시만 해도 대기업에 취직하기란 참으로 힘든 때였다. 현대자동차의 청색 잠바만 입고 다니면 울산은 물론 대구에서까지 외상술을 먹을 수 있다는 말이 유행하던 시기였다.

그럼에도 불구하고 현대자동차의 구매담당이란 알토란 같은 자리를 버리고 사업을 하겠다며 덜컥 사표를 내자 주위 사람들이 모두 당혹해했다. 갓 결혼한 부인은 한사코 말렸고, 처가에서는 『좋은 직장에 다니는 것을 보고 결혼시켰는데, 속은 게 아니냐!』라는 말까지 나왔다.

더욱 문제가 된 것은 현대자동차의 담당 부장이 3개월 간의 여유를 줄 테니 다시 돌아오라며 사표를 수리해주지 않는 바람에, 퇴직금

을 사업자금으로 활용하기로 한 계획이 뜻대로 되지 않았다.

그러나 박 회장은 나일론 실로 짠 모기장 원단으로 방장을 만들어 팔면 틀림없이 돈을 벌 수 있다는 판단을 굳힌 터였다. 사표를 낸 지 1주일 뒤 주저없이 대구로 올라왔다.

그는 가장 절친한 친구의 부친이 경영하는 직물공장을 찾아갔다. 그는 학창시절부터 이 친구의 부친께 「아버지」라고 부를 만큼 친숙했으며 신임도 얻고 있었다. 부친에게 사정을 했다.

방장을 만들고 싶은데 원단을 대줄 것을 요청했다. 사업계획을 들어본 부친은 젊은 사람이 용기가 대단하다면서 약간의 자금을 마련해주었다. 그 부친은 고양이 10마리도 함께 주었다. 고양이는 왜 주시느냐고 묻자 일단 가져가보라고 대답할 따름이었다.

그는 그간 모아둔 돈과 빌린 돈으로 대구 칠성동 물탱크 부근에 바람이 들어오는 허름한 창고를 하나 얻어 미싱 10대를 들여놓았다. 이어 아줌마 35명을 고용했다. 겨우내 찬바람이 들어오는 추운 공장 안에서 방장을 만들어 창고에 차곡차곡 쌓았다. 그 때서야 친구 부친이 고양이를 주신 까닭을 확실히 깨달았다. 쌓아놓은 방장에 쥐들이 구멍을 내지 않도록 고양이 10마리를 배치했다.

이듬해 여름이 다가오면서 울산과 포항 지역으로 방장이 팔려나가기 시작했다. 포항 지역의 모기는 지독하기로 전국에서 유명한 터라 방장은 날개 돋친 듯 팔렸다.

박 회장은 초여름이 오면서 쌓아놓은 방장 가운데 3분의 1이 채 팔리기도 전에 부친으로부터 빌린 돈을 모두 갚았다. 그의 첫사업은 이렇게 예상 밖의 성공을 거두었다. 이 사업을 통해 20대에 이미 큰 돈을 벌었다. 이 때부터 「사업이란 당초 아이템을 잘 선정하는 것이 중요하다」라는 소중한 교훈을 깨달았다.

그는 젊었을 때부터 시장바닥을 샅샅이 찾아다니는 버릇이 있었다. 좋은 아이템이 떠오르지 않으면 다시 시장을 찾아다니며 생각에 잠기곤 했다. 물론 지금은 무대를 해외로까지 넓혀 미국, 중국, 멕시코 등에 3개의 현지법인을 가지고 있지만 해외에서도 시장을 낱낱이 뒤지는 습관만은 여전하다.

모기장 사업으로 3년 간 착실히 돈을 번 다음 박 회장은 새로운 아이템으로 아이스케키를 개량한 하드크림 공장을 선택했다. 이 때가 1971년의 일이다. 막상 하드크림 공장을 해보자는 판단을 내렸으나, 제조기술을 가진 사람을 구할 길이 없었다. 그는 대구 중동에 있는 대성하드의 공장장을 스카우트해 사업을 시작하기로 마음먹고 대성하드 앞에 있는 구멍가게로 매일 출근을 했다. 구멍가게로 출근한

지 40일이 지나서야 공장장을 설득해냈다.

그 해 여름 박 회장은 울산 초등학교 옆에 있는 78평의 건물을 빌려 주식회사 석빙고라는 이름으로 하드크림 공장을 차렸다. 브랜드는 백설표 하드크림이었다.

그는 용달차 15대를 구입해 울산시와 울주군 등 인근 지역으로 하드크림을 실어 날랐다. 매일 들어오는 동전이 몇 자루에 달했다. 제일은행 울산지점은 동전을 가져가기 위해 매일 자동차를 보내줄 정도까지 되었다. 이미 울산 지역에 깔아놓은 아이스박스가 1,800개에 이르게 됐다. 이른바 거래점포가 1,800개에 이른 셈이다.

그러나 이 장사도 3년이 지나면서 경쟁자가 등장했다. 서울 지역에서 롯데와 해태가 이 사업을 시작했으나, 냉동차가 발달하면서 차츰 울산 지역으로 공격을 해왔다.

박 회장은 이 냉동식품 사업을 줄이면서 이번에는 LPG 충전소 사업에 손을 대기 시작했다. LPG 저장창고를 만들어놓고 가스를 10~20kg용기에 나누어 파는 일을 했다.

이 사업은 처음 2년 간 상당히 부진했으나, 3년이 지나 손익분기점을 넘어서면서 다시 돈이 모이기 시작했다.

당시 그에겐 울산 시내인 신정동에 약 20만 평 정도의 땅을 살 수 있는 현금이 있었다. 더 이상 사업을 하지 않아도 평생을 충분히 편안하게 살 수 있을 정도의 돈을 모은 것이었다.

특히 처가에서는 이제 돈을 벌 만큼 벌었으니 부동산이나 사두라고 거듭 요청해왔다. 그러나 박 회장은 『아직은 젊고 창창합니다. 기업을 하는 데 투자를 하겠습니다』라며 잘라 말했다.

1978년에 들어서면서 다시 과감하게 아이템을 바꾸었다. 목장업에 참여하기로 다짐한 것이다. 전 재산을 쏟아 경주 옆에 있는 안강에서 기계면으로 들어가는 왼쪽 구릉지역에 대규모 목장을 조성했다.

당시만 해도 젖소 한 마리면 집 한 채 값으로 한 가정이 풍족하게 살림을 꾸릴 수 있을 때였다. 이 때 이 농장에서는 130두의 젖소를 도입했다.

이 농장의 이름은 「산수골목장」. 산수골농장에는 출퇴근하는 인부 말고도 50대의 관리인이 살고 있었다. 이들은 목장 인근에 고구마·옥수수·호박 등을 갈았다.

추수철에 이르자 이들 곡식을 먹으러 꿩이나 토끼들이 많이 내려왔다. 농장 관리인은 이들 꿩을 잡기 위해 콩에 작은 구멍을 뚫어 극미량의 청산가리를 넣고는 목장 둑에 뿌린 뒤 이를 먹은 꿩이 죽으면 잡아먹곤 했었다. 하루는 관리인이 청산가리가 든 콩을 그대로 방바닥에 놓아둔 채 들에 일을 하러 나갔다. 그 사이 부인이 그 콩을 쓸어담아 젖소의 사료를 넣어두는 사일로에 부어버리는 사고가 발생했다.

다음날 아침 7시 30분. 박 회장은 여느 날과 다름없이 산수골목장으로 출근했다. 그러나 그는 눈앞에 펼쳐진 광경을 보곤 아연 실색하고 말았다. 150여 마리의 젖소가 한 마리도 남지 않고 쓰러진 채 죽어가고 있었다. 세상에… 그는 목장을 채 둘러보지도 못하고 그 자리에서 기절하고 말았다. 다시 의식을 차렸을 때는 대구 동산병원 응급실이었다. 1980년 이 날 박 회장은 완전히 알거지가 됐다. 엄청난 빚까지 걸머지게 됐다.

지난 십여 년 간 땀흘려 일궈놓은 사업이 말 그대로 하루 아침에 물거품이 되고 말았다.

이제 빚 때문에 더 이상 울산에서 살아갈 수조차 없었다. 그는 새벽에 편지 한 장을 남겨두고 두 살 난 아이와 아내를 뒤로 한 채 옷가방만 챙겨 서울로 도망쳤다.

부평에서 자취를 하면서 전화국에 다니는 친구를 찾아가 신세를 졌다. 그는 일단 밥벌이를 위해 용산경찰서 앞에 있는 대서방에 나가 일을 거들었다. 이 당시 어떻게 해서든 맨손으로 다시 돈을 벌어 빚을 갚아야겠다는 생각에 몰두했다.

이를 위해 그는 광산업에 뛰어들었다. 경남 언양에 자수정이 많이 나는 땅을 발견하고 이를 법정 광물화하는 일에 1년 반을 보냈다. 덕분에 광업에 대한 노하우는 엄청나게 많이 쌓았으나 돈벌이로 연결시키진 못했다. 그는 다시 울산으로 내려가 사업을 시작하는 길밖에 없다고 마음을 굳혔다. 그러나 채권자들로부터 도망을 쳐온 처지여서 돌아갈 길이 막막했다.

그는 그 동안 2개월에 한 번씩 채권자들에게 편지를 띄웠다.

「결코 고의는 아니다. 죄송하다. 형편이 되면 틀림없이 갚겠다」라는 것이 내용이었다. 그러고 나서 이제 채권자들을 직접 찾아가 설득하기로 결심했다.

그는 1981년 가을 새벽에 울산으로 내려왔다. 가장 먼저 채권자들을 찾아가 무릎을 꿇고 빌었다. 집으로 돌아와보니 가족들은 빚에 쪼들려 살림이나 행색이 말이 아니었다. 그는 다음날부터 단단한 각오로 다시 아이템을 찾아 나섰다. 대구 서문시장이나 칠성시장 등을 뒤졌지만 자본 없이 시작할 만한 사업거리를 찾기란 쉽지 않았다.

그는 좀체로 실패하지 않는 장사는 역시 「물장사」라는 말을 되새겼다. 한 달 만에 그가 찾아낸 것이 「페인트 장사」였다. 페인트도 역시 물의 일종 아닌가.

건설공사가 늘고 있는 때여서 페인트 도소매업을 하면 잘 될 거라는 확신이 섰다. 더 열심히 페인트 시장을 조사해봤다. 울산에는 지구표 페인트 대리점이 없다는 사실도 곧 알아냈다. 그러나 정식으로 지구표 페인트 대리점을 내려면 담보 자금이 필요했고 가게도 갖춰야 했다. 울산의 한길 옆에 있는 동서 집의 마루를 빌려달라고 사정했다. 그는 이 곳에다 간판을 내걸고 명함을 찍어 영업을 시작했다.

그러나 돈이 없어 페인트 재고를 충분히 쌓아놓을 수가 없었다. 하는 수 없이 고물상을 찾아가 쓰고 버린 페인트통 중 쓸 만한 것을 구해와 물을 가득 채워 쌓아놓았다.

이 페인트 대리점 사업은 한국프라스틱에 고정 납품하는 길을 트면서 본궤도에 올랐다. 3년 만에 그 동안 진 빚도 청산했다.

이 때부터 박 회장의 사업신화는 다시 시작된다. 우연히 울진에 들렀다가 실업자 시절에 익혔던 노하우로 규사 광산을 발견한 그는 즉시 현대광업이란 회사를 설립하고 이를 광산으로 등록했다.

현대조선이 선박 페인트 샌딩에 필요한 규사가 없어 쩔쩔매는 것을 보고 이 곳에서 나는 규사를 팔았다.

현대광업이 커지면서 건설업에도 참여해 경주의 신라아파트 등을 짓기도 했다. 1984년 10월 대원기공을 설립하면서부터 그는 다시 중견기업인으로 도약했다. 그는 울산 현대자동차 정문 앞 1만 평 부지에 도어 패널 프런트 리어 클로스 멤버 등 컨테이너 부품을 생산하는 공장을 차렸다.

이어 1985년 7월 대원개발을 설립했다. 1990년 11월에는 대원레미콘을 세우고 1991년 6월에는 대원멕시코를 설립해 스틸 플레이트 및 형강사업에 진출했다. 1991년 10월엔 미국에 대원어메리칸을, 1994년 4월엔 대원산업을, 1995년 9월엔 중국 칭다오(靑島)에 대원집장상부품유한공사도 설립하는 등 확장을 거듭해왔다.

이렇게 끊임없이 사업을 확장해가면서도 박 회장은 꿋꿋이 한 가지의 기조를 지켜왔다.

요즘 급성장하는 그룹들은 대부분 기존 회사를 인수·합병하는 방식을 취하고 있다. 그러나 지금까지 그가 경영해온 회사들은 자신이 직접 창업한 회사였다. 현재 그가 소유하고 있는 아홉 개의 기업도 모두 창업을 통해 성장시킨 것이다.

이것이야말로 그가 돈 불리기에만 급급한 장사꾼이 아니라, 언제든 맨발로도 다시 시작할 수 있는 기업가임을 여실히 드러내는 부분이 아닌가 한다.

박 회장은 매우 온화한 성품에 친근감을 느끼게 하는 인물이다. 이런 친화력의 바탕 위에 쌓은 불굴의 정신과 놀라운 직관력은 많은 기업인들에게 귀감이 되고 있다.

중소기업인

4

거산 김길호 사장

정수기에 미쳐버린 미사일 연구원

주식회사 거산의 김길호 사장(43세)은 지난 1982년 한 해 동안 주변 사람들로부터 완전히 미쳤다라는 애기를 들었다.

기계공학과를 졸업하고 한국과학기술연구원(KAIST)에서 미사일 개발연구팀으로 일하던 그가 갑자기 사표를 던지고 정수기를 만들겠다고 나섰기 때문이다. 주위의 끈질긴 만류에도 불구하고 그는 정수기 개발을 시작했다.

사실 그는 연구원 생활을 하면서도 먹는 물에 대해 남몰래 관심을 쏟아온 터였다. 자화수 연구에 몰두하기도 하고 미네랄 워터의 효능도 검토해봤다. 이 과정에서 앞으로 폐수 증가에 따라 음용수 문제가 세계적으로 심각하게 대두될 것이라는 확신을 가지게 됐다.

연구원 자리를 사직한 그는 1982년 초부터 정수기에 관련되는 자료라면 무엇이든 모았다. 국립도서관이나 연세대 도서관 등을 헤매고 다녔다. 자료를 모으면 모을수록 정수기 개발은 빨리 시작해야 할 과제라는 신념이 굳어졌다. 다가올 2000년대에는 먹는 물이 가장 중요한 자원이 될 것이라는 확신이 섰다.

그러나 정수기를 만들기 위해서는 필터에 들어가는 소재를 구해야만 했다. 때문에 그는 10개월 간 용산역 앞을 출발해서 왕십리까지

매일이다시피 걸어다녔다. 남영역 뒤의 금형가게에서 남대문 재료상
가, 세운상가, 왕십리 철물점까지 샅샅이 뒤졌다.

그는 돌아다니면서 정수기 개발에 몰두했다. 걸어가면서 너무 깊
은 생각에 빠진 나머지 교통사고를 당할 뻔한 적도 많았다.

그의 실험실은 지하철역에 있는 벤치였다. 재료를 구하러 다니다
밤이 깊어지면 지하철 시청역에서 잤다. 마침 시청역에는 역무원을
하는 친구가 있어 직원숙소나 식당에서 새우잠을 자며 오직 정수기
개발에만 몰두했다.

현장개발에 몰두한 지 1년 만에 세라믹 필터 및 활성 필터가 내장
된 정수기를 개발하는 데 가까스로 성공했다.

이 제품이 개발되자 김 사장은 1983년 초 서울 소공동 조선호텔
앞에 있는 갱생빌딩에 보증금 20만 원에 월세 2만 원으로 24평짜리

사무실을 냈다. 서울 시내 한가운데 있어 좋은 사무실인 듯 느껴지지만 오래 된 건물이어서 통로가 삐걱이는 허름한 사무실이었다. 이 사무실이 총각인 그에게는 사무실이자 연구소이자 공장이자 숙소였다.

사무실을 얻자마자 그는 KAIST에서 미사일을 설계하던 손으로 직접 자연여과식 정수기를 만들었다. 공장 안에 있는 설비란 맨손과 수공구뿐이었다. 그러나 김 사장은 밤을 새워가며 한 달 만에 20개의 정수기를 혼자서 생산해냈다.

그러나 정수기를 다 만들어놓고 보니 정수기를 닫을 뚜껑이 없었다. 정수기 뚜껑을 별도로 하청주문하려면 돈이 필요했다. 퇴직금도 1년 간의 실업자 생활로 다 써버린데다가 그나마 조금 남은 돈도 사무실을 얻는 데 쓰고 말았다.

그는 시장을 찾아가 정수기에 알맞은 뚜껑을 골라보기로 마음먹었다. 며칠 간 시장조사를 하다 남대문시장에서 정수기 크기에 꼭 맞는 고급 냄비뚜껑을 발견했다. 그는 냄비가게 주인에게 냄비뚜껑만 20개를 사겠다고 했다.

그러자 주인은 『이상한 사람 다 봤구만』하며 단호히 거절했다. 뚜껑 없는 냄비를 어떻게 팔아먹느냐는 거였다. 사려면 냄비 전체 값을 내고 사가라며 뒤돌아서 버렸다.

그러나 김 사장은 물러서지 않고 끈질기게 주인을 설득했다. 결국 그는 명함을 하나 내놓으며 냄비를 만드는 공장에 가서 직접 얘기해 보라고 말했다.

김 사장은 이천에 있는 냄비공장을 물어물어 찾아가 다짜고짜 1만 5,000원을 내놓으며 냄비뚜껑 20개를 팔 것을 요청했다.

냄비공장 사장은 그를 한참 멀건히 쳐다보더니 어이없다는 듯 물었다. 『도대체 냄비뚜껑만 20개씩이나 어디에 필요합니까?』

김 사장은 힘 있게 대답했다. 『지금은 말할 수 없습니다.』

냄비공장 사장은 아래위를 다시 한번 훑어보더니 공장 안으로 들어가 뚜껑 20개를 주섬주섬 챙겨서 그에게 건네주었다.

『돈은 필요 없으니 그냥 가져가시오.』

『싫습니다.』 김 사장은 돈을 주겠다고 우겼다.

이번에는 냄비공장 사장이 고집을 피웠다.

『공짜로 가져가려면 가져가고, 아니면 그냥 가쇼!』 하고 고함을 쳤다.

다만, 냄비뚜껑의 용도에 대해서는 책임을 지지 않겠다고 못박았다. 하는 수 없이 공짜로 냄비뚜껑 20개를 얻어 정수기에 덮었다. 뚜껑을 씌우고 보니 처음 생각보다 그럴 듯하게 보였다. 그는 이 정수기 20대를 차에 싣고 부산으로 내려갔다. 김 사장이 첫번째 판매지역을 부산으로 정한 것은 업계에 널리 알려진 「판매 지역론」 때문이었다.

국내에서 신제품을 만들어 얼마나 잘 팔리는지를 체크하려면 부산에 물건을 내놓아 봐야 한다는 것이 판매 지역론이다. 부산 지역은 전국에서 시장수요의 움직임이 가장 빠르다는 것이다. 이에 비해 대전은 움직임이 가장 늦은 지역으로 꼽힌다. 결론은 부산에서 잘 팔리면 전국에서도 잘 팔릴 수 있다는 얘기다.

부산에 도착하자 그는 친구의 소개를 받아 부산에서 제일 큰 잡화 주방용품을 판매하는 도매상인 이상희 사장을 찾아갔다. 오후 녘에 찾아갔으나 이 사장은 밀려드는 주문을 받느라 김 사장과 대면할 시간이 전혀 없었다.

친구의 소개로 찾아왔다고 말하자 이 사장은 저녁에 만나자면서 짧게 대답한 뒤 자기 일에 다시 몰두해버렸다. 이 사장의 태도를 보자 김 사장은 일이 틀어진 게 아닌가 하는 막연한 불안감에 사로잡혔다. 두어 시간 다방에서 기다리다 문을 잠글 즈음 다시 도매상을 찾아갔다.

이 때 김 사장은 하루에 현금을 그렇게 많이 거둬들이는 사람을 태어나서 처음으로 보았다. 도매상 사장은 하루 매상으로 들어온 현금을 말 그대로 돈자루에 담아 은행으로 가져가는 것이었다. 기가 질렸다. 그렇지만 김 사장은 용기를 내어 가져온 정수기를 내보였다.

잠시 정수기를 내려다보던 이 사장은 미심쩍어했다.

『이거 어항 같은데…정수가 되긴 되는 거요?』

「이젠 틀렸구나」라는 느낌이 머리를 스쳤다.

이 사장은 정수기에 대해선 아무런 응답도 하지 않았다. 다만, 오래 기다렸으니 저녁이나 같이 하자고 앞장섰다. 김 사장은 이 사장과 저녁을 먹으면서 세상 돌아가는 이야기를 화제로 삼아 많은 대화를 나눴다. 정수기 판매는 이미 일이 틀렸다 싶어 전혀 꺼내지도 않았다.

소주 몇 잔을 곁들여 애기가 무르익었을 무렵 이 사장이 느닷없이 김 사장에게 놀라운 제안을 했다.

『김 사장, 내가 그 정수기 총판대리점을 하고 싶은데 보증금 얼마면 되겠소?』

김 사장은 갑작스런 제안에 당황해 즉시 대답을 못했다.

『글쎄요….』김 사장은 계속 망설였다.

『석 장이면 되겠소?』그 때서야 그는 좋다고 대답했다.

「석 장이라면 300만 원이 아닌가?」그 정도면 정수기를 더 만들어 팔 수 있는 충분한 여력을 얻을 수 있을 것 같았다. 그러나 그게 아니었다. 알고 보니 김 사장이 말한 석 장은 300만 원이 아니라 3,000만 원을 말하는 것이었다.

그 날 저녁 당장 그는 현금으로 1,500만 원을 준 뒤 하루 뒤에 서울 갈 일이 있는데, 그 때 1,500만 원을 더 주겠다고 말했다. 김 사장은 1,500만 원을 받아들고 서울로 올라왔다.

이틀 뒤 이 사장은 소공동에 있는 사무실을 찾아왔다. 사무실을 둘러본 뒤 그는 물었다. 『도대체 공장은 어디 있소?』

그는 대답했다.

『이 사무실이 바로 공장입니다.』 이 사장은 순간적으로 실망의 빛을 보이긴 했으나 말없이 1,500만 원을 내놓았다. 이어 이 상희씨는 이렇게 말했다.

『내가 이 돈을 주는 것은 당신의 재산을 보고 주는 것이 아니라 당신을 믿기 때문에 주는 거요.』

김 사장은 그 돈으로 정수기 금형을 최초로 제작했다. 1987년에는 월 5,000대의 정수기를 파는 우리나라 최고의 정수기 업체 사장이 됐다. 요즘 경기도 광주에 있는 거산의 정수기 공장을 가보면 너무나 깨끗한 환경과 첨단설비에 놀란다.

그가 그토록 어려운 시련을 겪었다는 이런 이야기는 모두 옛일인 것같이 느껴진다. 그는 요즘 동남 아시아에서 밀려드는 정수기 수출 주문을 받느라 무척 바쁜 나날을 보내고 있다.

그러나 국내 최대의 정수기 수출업체가 된 지금도 김 사장은 사람의 신뢰도가 가장 큰 재산이란 점을 굳게 믿고 있다. 기업의 생명은 신뢰라는 점을 몸소 실천하면서 말이다.

5

쌈지 천호균 사장

거지가방 하나로 국제 패션계 제패

얼마 전 파리의 드골 공항에서 밖으로 나가기 위해 통로를 걸어가는데 앞에 더벅머리 남자의 뒷모습이 눈에 들어왔다. 어딘가 눈에 익은 모습인데….

「아, 맞아. 피혁제품 업체인 쌈지의 천호균 사장(47세)이잖아!」 소매를 잡아당기며 인사하자 그는 이처럼 먼 곳에서 만나게 되자 의아해했다. 천 사장은 지금 함부르크로 가는 비행기를 타려는 참이라고 말했다.

이어 로마로 갈 예정이라고 했다. 서로가 바쁜 일정이어서 우리는 곧장 헤어지고 말았다.

런던에서 취재를 끝내고 돌아오는 비행기 안에서 천 사장과 다시 우연히 마주쳤다. 에어프랑스 기내에서 그의 독특한 경영방식에 대해 애기를 들었다.

천 사장은 지난 1980년부터 사업을 해오면서 1993년 홍콩에서 열린 국제잡화제품박람회인 「홍콩 페어」를 가장 생생히 기억한다고 말했다. 당시 1주일 간의 전시기간 동안 쌈지 전시장 앞에는 매일 발들여 놓을 틈도 없이 사람들로 꽉 찼다는 것이다. 쌈지가 내놓은 제품 중에는 단 한 가지 제품도 모방품이 없었기 때문이란다. 형태나 색감

이 특이해 젊은이들에게 인기를 끌기에 충분한 감각을 갖추었다는
것이다.

한국에서 이처럼 패션 감각이 훌륭한 상품이 나오다니…. 사실 그
랬다. 그 때까지 한국에서 생산한 피혁제품은 유럽 제품의 모방이거
나 주문자부착상표(OEM) 제품이 거의 전부였다.

그러나 쌈지가 내놓은 제품은 완전한 순수 창작품이었다. 더욱이
형태나 색감 및 품질이 완벽해 젊은이들에게 인기를 끌기에 충분한
감각을 갖추었던 것이다.

이 전시회 기간 동안 홍콩과 싱가포르·일본 등의 바이어들이 서
로 에이전트를 따기 위해 쌈지의 부스로 몰려들었다. 단순히 쌈지의
제품을 수입해가겠다는 것이 아니라, 쌈지의 대리점으로서 현지에
「쌈지 숍」을 개장하겠다는 제안이었다.

특히 홍콩측 바이어는 쌈지 숍의 디스플레이까지 본사에 맡기겠다고 제의해왔다. 현재 쌈지는 홍콩에 일곱 개의 숍을 가지고 있다. 또 대만에는 독점대리점을 가지고 있으며, 싱가포르·말레이시아·이스라엘·일본 등에도 쌈지 숍을 보유하고 있다.

쌈지라는 이름은 이제 세계적인 브랜드가 됐다. 쌈지 브랜드가 이처럼 유명해진 이면에는 천 사장의 남다른 마케팅 전략이 숨어 있다.

천 사장이 피혁제품 사업을 시작한 것은 올해로 꼭 16년째다. 그는 지난 1980년 대우중공업을 다니다 남대문시장 앞 인송빌딩에서 여직원 한 명과 고급피혁 수입업을 시작하면서 이 분야에 처음 발을 들여놓았다.

이 때부터 그는 피혁분야에서 많은 신화를 만들어낸다. 먼저 국내 피혁전문 오퍼 제1호가 바로 그였다. 그는 고급피혁을 이탈리아와 프랑스에서 수입해왔는데 예상외로 잘 팔렸다.

1984년 장안평에 공장을 마련하고 핸드백을 만들면서부터 그의 색다른 마케팅이 빛을 보기 시작한다.

이 때까지 핸드백이라면 천편일률적으로 딱딱한 가죽에 각이 진 형태가 전부였다. 그러나 그는 부드러운 가죽으로 주머니나 배낭처럼 생긴 핸드백을 고안해냈다. 요즘 유행하는 여성용 핸드백을 처음 만들어낸 것이다.

이 같은 핸드백이 처음 나왔을 때 업계에서는 『저건 핸드백도 아니다』라는 반응을 보였다. 그래서 「거지 백」이라는 별칭이 붙여졌다.

데코라는 상표로 처음 출하된 이 상품은 전문가들의 예상을 깨고 젊은층을 완전히 사로잡았다. 핸드백의 형태를 전반적으로 뒤바꿀 만큼 이 거지 백은 인기가 높았다.

천 사장은 천성이 좀 독특하다. 그는 서슴없이 이렇게 말한다.
『남들이 하는 일은 전혀 하고 싶지 않습니다.』 그의 헤어 스타일
이나 복장은 보통 사람들과 달라보인다. 넥타이를 매지 않아 마케팅
강의를 하러 갔다가 퇴장당한 일도 있을 정도다.

천 사장의 이런 성품이 오히려 젊은층의 감각을 일깨우는 데 큰
힘이 되는 것이 아닌가 싶다.

거지 가방이 히트를 치자 천 사장은 이번엔 형태감을 깨면서 색상
이 가미된 핸드백을 개발해 내놓았다. 그 당시 가죽이라면 가죽 특유
의 원색이 대부분이었으나 그는 레드·블루·화이트·옐로 등 다양
한 색상의 가죽제품을 출하했다.

이어 1992년에는 또 다른 벽을 허물었다. 지금까지 핸드백은 핸드
백 전문점에서나 살 수 있었으나, 천 사장은 핸드백 전문점이란 고정
관념을 깨버렸다. 핸드백과 조화를 이루는 모자·선글라스·구두·
티셔츠·액세서리 등을 한곳에서 판매하는 숍 개념을 도입했다.

제품에 브랜드를 붙이는 것이 아니라 쌈지라는 브랜드 아래 각종
제품을 창안하는 독특한 마케팅을 펼쳤다. 이 가운데 선글라스가 히
트를 치기도 했다. 그는 이 전문 코디네이션 제품을 팔면서 젊은 고
객들만이 자신의 제품에 관심도가 높다는 사실을 깨달았다.

그는 또다시 남다른 전략을 폈다. X세대라는 용어가 유행하기 이
전에 이 쌈지 소비자의 연령을 18~23세로 제한한 것이다. 연령에
대한 마케팅 포지셔닝을 명확히 설정한 것이다. 대부분 기업을 하는
사람이라면 수요자를 광범위하게 설정해야 많이 팔 수 있다고 생각
한다. 그러나 그는 이처럼 제한적인 연령층에 큰 비중을 두고, 이들
연령에 꼭 맞는 제품 생산만을 고집했다. 지금까지 이들 18~23세

연령은 수요 규모가 그다지 크지 않았다.

그러나 1990년대 중반에 접어들면서 이 연령층의 수요가 급팽창함으로써 이 분야에서 가장 유명한 회사로 자리를 잡았다.

메트로 미도파백화점이나 현대백화점 등에 설치된 쌈지 숍을 가보면 항상 젊은이들로 붐빈다. 대학생들보다는 직장인이나 전문직 여성이 더 많은 것도 쌈지 매장의 특징이 아닌가 한다.

천 사장은 이 쌈지 사업을 해오면서 부인으로부터 가장 많은 도움을 받았다. 그의 부인은 현재 쌈지의 디자인 실장으로 있다.

그녀는 디자인에 대한 재능이 뛰어나 국내에서 톱 디자이너로 꼽힌다. 요즘도 유명업체에서 스카우트 제안이 자주 들어오지만 「보수가 맞지 않아(?)」 옮기지 않고 있단다.

쌈지에게 디자인은 생명이다. 무엇보다 이 회사의 가장 큰 특징은 결코 어떠한 디자인도 모방하지 않는다는 것이다.

천 사장은 다른 디자인을 카피하는 디자이너는 즉시 사표를 받는다라고 말한다. 이 조항만큼은 엄격히 적용한다고 강조한다.

다른 디자인을 결코 모방하지 않으면서 젊은층의 고객을 감동시키기 위해서는 이들 연령층에 대한 연구가 필요하다.

쌈지는 18~23세 사이의 연령층에 대해 많은 자료를 가지고 있다고 한다. 이들 연령층의 생활·옷·유행 등 나름대로의 문화에 대한 노하우가 많다는 뜻이다.

천 사장이 이들 고객에 대한 연구를 게을리하지 않는 이유는 처음 코디점을 차렸을 때 소비자가 가장 큰 힘이 되어주었기 때문이라고 분석한다.

1990년대 초반까지만 해도 쌈지라는 이름으로 유명 백화점에 점포를 내려 했으나 무척 힘들었다.

그러나 쌈지 전문점에 대한 소비자의 반응이 백화점들로 하여금 어쩔 수 없이 소비자편을 들어주도록 했다. 따라서 그는 마케팅에서 가장 강력한 힘은 소비자에게 있다는 것을 신봉한다.

천 사장은 제품을 단순히 하나의 상품으로만 여기지 않고 예술화하는 데 힘썼던 것을 자랑으로 삼는다. 어떠한 제품에 대해서도 기저에 아트(art)가 자리잡고 있어야 한다는 생각에는 변함이 없다.

그는 가죽으로 예술품을 만들며 포스트모더니즘을 실현했다고 믿는다. 그의 예술이념이 이제 온 지구촌으로 펼쳐나가려는 참이다.

6
·

한국산업 이문재 사장

3시간 자고 6배로 일했다

플라스틱 패널 전문업체인 한국산업의 이문재 사장(42세)은 지난 1985년 플라스틱 제품업체에 다니다가 첫 사업을 시작했다. 퇴직금, 적금 탄 돈, 부인의 결혼반지 등 돈이 될 만한 것이라면 모두 팔아 2,000만 원으로 사업을 시작했다.

플라스틱 업체의 생산현장 및 기술부에서 9년 간 근무한 그는 건축용 PVC 호스를 만들어 팔면 장사가 될 것이라는 생각에서 경기도 부천시 내동에 건평 43평의 건물을 임대해 공장을 차렸다. 종업원은 네 명이 전부였다.

기술자로만 일해온 그는 품질이 우수한 특별제품을 만들면 무조건 돈을 벌 수 있을 것으로 판단했다. 따라서 당시에는 쓰이지 않는 주름전선관인 콜게이트 튜브를 월부기계 등을 동원해 3개월 만에 개발해냈다.

그러나 이 제품을 들고 청계천에 팔러 나갔으나, 제품이 너무나 생소해 건재상들의 태도는 냉담하기 이를데 없었다. 입이 아프도록 설명을 했지만 허사였다. 약 4,000만 원을 들여 개발한 첫 제품은 여지 없이 실패했다. 하는 수 없이 그는 기계공장을 하는 친구 이강은 대창기계 사장의 도움을 받아 PVC 보일러 호스 제조사업을 새로 시

작했다.

　그러나 이 사업마저 청계천 상가에 납품하고 받은 어음 850만 원이 부도 나는 바람에 치명타를 입고 말았다. 전 재산을 다 쏟아 시작한 이 사장의 첫 사업은 5개월도 지나지 않아 물거품처럼 완전히 사라져 버렸다. 제대로 시작도 해보지 못한 채 허무하게 막을 내린 것이었다.

　그는 어떻게든 사업을 다시 일으켜 세우기 위해 남원에 있는 시골집으로 내려가 부모님께 논밭을 좀 팔아 보태줄 것을 사정했다. 그러나 부모님의 반응은 차가웠다. 『집 팔고 땅 팔아 사업에 성공하는 사람은 아직 보지 못했다.』 사업에 실패하자 가족들로부터도 설움을 받았다.

　다시 서울로 올라온 그는 미원그룹에 근무하는 절친한 고등학교

동창을 찾아가 사업을 포기할 생각이라며 다른 직업을 찾아야겠다고
했다.

한참이나 사정을 듣던 친구는 적금 든 돈 300만 원을 선뜻 내놓으
며 말했다. 『돈을 벌면 갚아라.』 그는 친구가 빌려준 돈 300만 원으
로 우선 원료를 사고 다시 공장을 가동했다. 친구와 채권자들의 신뢰
를 저버리지 않기 위해 이 날부터 그는 정신없이 일했다.

「이번이 내가 사업을 할 수 있는 마지막 기회다.」 이런 생각이 들
자 밤잠을 잊으며 일할 수밖에 없었다.

그는 이 때부터 2년 간 하루 3시간 30분 이상을 자본 적이 없었
다. 공장에서 새벽 1시까지 일을 한 뒤 잠깐 공장사무실에서 눈을 붙
이고 4시 30분이면 트럭에 물건을 싣고 청계천으로 실어 날랐다. 그
가 건재상에 도착하기 전에 문을 연 곳은 없었다. 항상 건재상 주인
보다 먼저 도착해 기다렸다. 영업부 직원도 없이 배달에서 수금까지
모두 혼자 처리해야 했다.

그는 당시 여섯 사람의 일을 혼자서 해낸 것 같다고 술회한다.

이렇게 열심히 일을 하자 운도 따랐다. 한양화학에서 원료공급을
받았는데 원료파동이 몇 번 되풀이되면서 큰 폭의 이익을 남길 수 있
게 됐다. 이 때까지만 해도 그는 영세사업자에 불과했다. 그러나 참
으로 우연한 기회에 그는 중견기업인으로 발돋움하는 기틀을 잡았
다. 그가 처음 사업을 시작했던 부천의 43평 임대공장은 공장 내부
가 너무 좁아 하루 24시간을 생산하면 공장 전체가 제품으로 가득 차
움직이지도 못할 정도가 되었다.

공장을 어디론가 이사해야만 할 처지였다. 그는 좀더 넓은 임대공
장을 찾기 위해 부천에 있는 복덕방에 들렀다. 복덕방 주인은 그를

인천 마전공단으로 안내했다.

복덕방 주인이 소개해준 공장은 부천에서 주유소를 경영하는 갑부로 알려진 정해용 사장이 조성한 공장이었다. 그러나 이 공장은 임대가 아니라 3억 5,000만 원에 매물로 나와 있었다.

공장을 둘러보니 넓고 좋아 마음에 들었다. 그러나 수중에 몇천만 원밖에 가지고 있지 않은 그로서는 엄두도 내지 못할 공장이었다. 그는 공장 옮길 각오를 포기하고 돌아와 다시 PVC호스를 생산하는 일에 열중했다.

이로부터 보름이 지난 어느 날 50대 남자가 어두컴컴하고 비좁은 공장으로 찾아왔다.

『이 공장 사장 어디 있소?』 그는 공장 안을 휘둘러보며 물었다.

『제가 주인인데요. 어떤 일로 오셨습니까』 이 사장이 대답했다.

『아, 당신이 매일 새벽 짐을 실어내는 그 사장이구만그래.』

그 50대 남자는 이 좁은 공장에서 어떻게 사업을 꾸려나가느냐고 물었다.

이 사장은 공장을 옮기고 싶지만 돈이 모자라 옮기지 못하고 있다고 말했다.

그러자 50대 남자는 자기가 좋은 공장을 알고 있으니 구경이나 하러 가자며 앞장섰다. 막상 그를 따라가 보니 그 공장은 보름 전에 복덕방 주인이 소개해준 바로 그 공장이었다.

「이상한 일도 다 있다…」라는 생각이 들었다. 그러나 그는 돈이 없어 이 공장은 엄두도 낼 수 없다고 말했다. 그제서야 50대 남자는 자신이 누구인지를 밝혔다.

『사실 나는 당신 공장 인근에 있는 주유소 주인인 정해용이란 사람인데, 당신이 몇 년 간 너무나 열심히 일하는 것을 눈여겨 봐왔소. 당신이 이 공장을 사겠다면 좋은 조건으로 팔겠소.』이 제안을 들은 이 사장은 솔깃해졌다.

그러나 대책이 없었다. 5,000만 원을 깎아 3억 원에 넘겨주겠다고 했으나 돈이 태부족이었다.

정해용 사장은 도대체 가진 돈이 얼마나 있느냐며, 있는 대로 모두 털어내 놓아보라고 했다.

이 사장은 임대공장의 보증금과 납품대금으로 받은 어음을 모두 모아도 7,200만 원에 불과했다. 그는 이 돈을 다 내놓았다.

『더 이상은 구할 길이 없습니다』라고 포기하듯 말했다.

『은행대출을 받아주면 이자는 델 수 있겠소?』한참 머뭇거리던 정 사장이 이렇게 물었다.

『그 정도도 못 갚으면 사업을 그만두어야죠.』이 사장은 그제서야 자신을 가지고 대답했다.

그 자리에서 두 사람은 700평의 대규모 공장 매매계약서에 도장을 찍었다. 겨우 7,200만 원으로 3억 5,000만 원짜리 공장을 사게 된 것이다. 나머지 돈은 정 사장의 보증으로 은행돈을 빌려 충당했다. 은행에 대출을 받으면서 담당대리로부터 정해용 사장이 얼마나 많은 돈을 갖고 있는 사람인지 알게 됐다. 당시에도 현금 100억 원을 잔고로 지니고 있을 정도라고 귀띔해주었다.

공장매매계약을 끝낸 뒤 이 사장은 너무 미안하고 고마워 정 사장에게 점심을 대접하겠다고 제안했다.

『어디 좋은 음식점이 있으면 가시죠. 제가 한턱 사겠습니다.』그의 제안에 정 사장은 흔쾌히 동의하며 앞장을 섰다. 한참을 따라가다

보니 정 사장은 식당이 아니라 구멍가게로 들어섰다. 그는 담배를 사러 들어가나 보다 하고 잠시 밖에서 기다렸다. 그러자 정 사장은 따라 들어오라는 손짓을 했다.

가게 안에 들어선 정 사장은 카스테라 빵 하나와 우유 한 통을 주섬주섬 챙기더니 이 사장에게 건네준 뒤 자신도 빵 하나와 우유 한 통을 들고 먹기 시작했다.

이 사장은 『이걸로 점심이 되겠습니까?』라며 식당으로 갈 것을 종용했다. 그러나 정 사장은 움직일 생각조차 하지 않았다.

『이 사장, 당신은 지금 공장을 새로 사고 나서 단돈 10원이 아쉬운 형편이오. 앞으로 사업에 성공을 하려면 단돈 10원이 얼마나 아까운지 알아야 되는거요.』정 사장은 빵과 우유를 맛있게 먹은 뒤 일어섰다.

이 사장은 이 날 신선한 충격을 받았다. 현금 100억 원을 가지고 있는 사람도 이처럼 돈을 아끼면서 산다는 데 놀랐다.

이후 새 공장으로 이전을 하고서도 그는 공정 하나하나에서 10원의 원가를 절감하거나 1초의 시간을 아낄 수 있는 길이라면 서슴지 않고 결행했다.

그는 매년 새 아이템을 꼭 하나씩 개발해 상품화했다. 시간이 지나 경쟁업체가 나타나면 좀더 나은 제품을 개발해 출하했다. 그는 철저히 소량다품종 생산을 전개한다. 이 덕분에 한국산업은 현재 34개의 특허를 보유하고 있다.

최근 이 회사가 내놓은 건물 천장재 및 벽재인 하이렉스 프라시스 패널과 선반은 업계에서 엄청난 인기를 누리고 있다. 이는 첨단제품임에도 불구하고 특수공법으로 원가를 크게 줄여 저렴한 가격으로 시장에 내놓은 덕분이다.

10원의 원가라도 절감하는 이 사장의 기업정신은 요즘 일본 기업들에게도 감동을 주어 일본 시장으로의 수출이 계속 늘어나고 있는 추세다.

7

청산엔프라 강신종 사장

의욕과 열정의 산고 첨단기술

청산엔프라의 강신종 사장(51세)은 대학을 졸업한 뒤 대기업에 근무하다 30세의 나이에 월급쟁이 생활을 마다하고 사업을 시작했다. 단돈 70만 원으로 성원상사란 오퍼상을 차렸다.

성원상사가 입주한 곳은 을지로 2가 창신빌딩 3층. 마침 이 사무실은 김우중 대우그룹 회장이 한성실업이란 무역회사를 시작한 자리였다.

따라서 이 곳에서 일하면 강 사장도 큰 돈을 벌 수 있다는 확신이 섰다. 그는 여기에서 전기용접기·특수강·특수공구 등의 수입판매를 시작했다. 당시 갓 결혼한 그는 서울 미아7동 산동네 사글세 방에서 새벽 5시면 일어나 회사에 출근하자마자 커다란 가방에 특수강 샘플을 넣어 등짐을 진 채 공급처를 찾아나서곤 했다.

그는 방위산업 분야를 비롯해 기계장비 부문에서 특수용접봉이 유망하다는 사실을 깨달았다. 당시만 해도 수십억 원에 들여온 기계의 일부분이 부러졌을 때 특수용접으로 수리할 수 있다는 관념조차 없었다. 물 속에 잠겨 있는 시설을 용접할 수 있으리라곤 상상도 못하던 때였다.

강 사장은 이 사실을 알아내고 특수용접 분야에서 세계최고의 기

업인 영국의 GK그룹과 에이전트 계약을 맺었다. 혼자서 영국대사관을 찾아가 상무관에게 GK그룹을 소개시켜달라고 조른 끝에 이를 성사시킨 것이었다.

강 사장이 수입해온 특수용접기나 공구는 이익률이 엄청나게 높았음에도 불구하고 날개 돋친 듯 팔려 나갔다. 그는 이 때부터 3년 동안 점심을 먹어본 적이 없었다고 당시를 회상한다. 도대체 점심을 먹을 틈이 없었다는 것이다. 그는 40~60kg 정도나 되는 무거운 가방을 등에 지고 하루 10~15개 업체를 찾아다녔다. 차량이 없어 이를 버스에 싣고 다녔다. 이렇게 고생을 했지만 평생 이 때보다 신이 났던 적은 없었다고 술회한다.

세 살 때 어머니를 여의고 일곱 살 때 아버지마저 돌아가시고 누나와 함께 살아온 그는 무척이나 가난했다.

그러나 그는 사업을 시작한 지 2년 만에 커다란 집도 마련하고 대우 제미니 승용차도 한 대 마련했다. 그러나 강 사장의 부지런한 생활에는 변함이 없었다. 승용차는 화물차나 다름없었다. 각종 공구 및 특수강 샘플을 싣고 동서남북으로 쫓아다녔다.

4년째 접어들자 종업원 38명의 중견 무역업체로 성장했고 거래업체가 1,200개 사에 달했다. 사무실도 장충동 2가 수정약국 근처의 넓은 곳으로 이사하고 성원종합무역으로 법인전환을 했다.

강 사장은 중견 무역업체로 성장한 뒤에도 직원들의 업무를 꼼꼼이 챙겼다. 업무일지를 일일이 체크하고 일을 「지독하게」 시켰다. 이때 그에게 일을 배운 사람들 가운데 절반 이상이 사장이 됐다.

스스로 창업을 할 수 있는 수준에 이를 때까지 일을 시키고 또 시켰다. 덕분에 회사도 부쩍부쩍 컸지만 사장을 많이 배출해내는 결과를 낳게 한 것이었다. 강 사장은 우리나라 중소기업인으로서 사장을 가장 많이 배출해낸 사람으로 꼽힌다.

강 사장은 지난 20여 년 간 기업을 경영해오면서 무려 46명의 사장을 키워냈다. 이들 중에는 김영조 서원실업 대표 등 쟁쟁한 기업인들이 수두룩하다.

보통 사장들은 대부분 사원들이 자신의 회사에서 빠져나가 창업하는 것을 무척 꺼린다. 자기 회사의 노하우를 빼돌려 해를 끼치거나 경쟁업체로 등장할 것을 염려해서다. 그러나 강 사장은 이를 두려워하지 않았다. 왜냐하면 월급쟁이보다는 사업을 하는 것이 좀더 나은 기회를 잡을 수 있다는 점을 스스로 잘 알고 있기 때문이다.

그는 1989년 해우물산을 설립하면서부터 무역으로 돈만 벌 것이 아니라 경제활동의 꽃인 제조업에 손을 대기로 마음먹었다.

그는 무역에서 번 돈을 털어 넣어 경기도 양주군 남면에 있는 지남산업을 인수했다. 이 회사는 도로중앙선 등(燈)이 야간에 반사될 수 있도록 하는 물질인 글라스비드를 25년 간 제조해온 업체였다.

그는 이 업체를 인수하자마자 기술개발에 과감히 투자했다. 특히 미세한 수직로로 유리알을 생산하는 기술을 세계에서 네 번째로 개발해냈다. 강 사장은 이 기술을 개발하는 데 무역회사 사장다운 독특한 전략을 썼다. 이 기술을 먼저 개발해낸 일본 도시바에서 은퇴한 기술자들을 약 1억 원의 비용으로 모셔와 레이아웃을 얻어냈다.

이 덕분에 지남산업은 폐유리를 활용해 도로표지용 글라스비드 제조업체로서는 가장 큰 기업이 됐다. 버려지는 재원으로 45미크론 이하의 미세한 유리분말을 만들어 매년 100만 달러어치씩 수출도 한다.

강 사장은 이어 유리분말을 이용해 지금까지와는 전혀 다른 분야에 참여했다. 욕실에 설치하는 욕조용품 시장에 뛰어든 것이다. 1994년 7월 청산엔프라를 설립하면서부터 이 분야에 본격적으로 참여했다.

지금까지는 욕조를 만들 때 플라스틱 강화재로서 유리섬유를 활용해 인체에 해롭다는 지적을 받아왔다. 강 사장은 이를 개선할 수 있는 물질을 만들어내면서 이 시장에 진출했다.

욕조 뒷면을 유리분말로 처리하면 인체에도 해롭지 않고 강도도 훨씬 높아진다는 사실을 알아낸 것이었다. 청산엔프라는 이 욕조를 응용한 공기방울 마사지용 욕조인 샤론 월풀을 개발해 본격 출하하고 있다. 이 샤론 월풀은 고강도 아크릴을 사용해 부드러운 표면감촉에다가 내구성과 내충격성을 고루 갖추었다. 색상도 다양하게 선택할 수 있도록 했다. 특히 공기 배출구를 인체공학적으로 설계함으로

써 공기방울의 각도 및 배출강도 등의 조절이 가능해 한정된 욕조공
간 안에서 불필요한 움직임 없이 편안하게 신체부위를 마사지할 수
있게 했다. 이 공기방울 마사지는 기포를 이용해 초음파를 발생시켜
신체 내부기관을 활성화시키는 효과가 있다고 회사측은 밝힌다.

강 사장은 피부에 적정한 산소와 수분을 공급하고 마사지 효과를
극대화해 피부미용 · 혈액순환 · 신경통 · 디스크 · 근육통 · 관절염 등
에 특히 효과가 크다고 말한다.

이 제품은 한국생활용품연구원으로부터 Q마크를 받았고 건자재시
험연구원으로부터 건마크를 획득했다. 이 제품은 이미 미국 등 선진
국에서 대중화가 된 상황이어서 앞으로의 시장 전망도 매우 밝다.

강 사장은 현재 해우물산 · 지남산업 · 청산엔프라를 함께 경영하고
있다. 이들 회사 중 지금까지는 지남산업에 중점을 두어왔으나 앞으
로는 청산엔프라에 중점을 둘 계획이다.

이 회사를 통해 글라스비드를 건자재화하는 사업을 확장할 계획이
다. 이미 아트스톤이란 인조대리석 대체용 패널을 개발해 곧 상품화
에 나설 예정이다. 유리분말과 보강용 수지로 만든 이 아트스톤은 망
치로 두드려도 깨지지 않을 정도로 강도가 높은데다 촉감이 탁월하
고 가격도 저렴해 유망 상품이 될 것으로 보인다. 중소기업박람회 등
에 나가 보면 청산엔프라 제품을 열정적으로 설명하고 있는, 큰 키에
잘 생긴 얼굴의 강 사장을 발견하게 된다.

기업경영에 대한 그의 열정은 좀체로 사그러들지 않을 듯싶다. 강
사장이 다시 한번 도약하는 모습을 곧 보게 될 것이다.

8

이천통합영농법인 김인오 회장

첨단 컴퓨터가 토마토를 기른다

영동고속도로를 타고 가다 덕평 인터체인지에서 벗어나 왼쪽으로 1km 정도 들어가면 커다란 그린하우스가 하나 나타난다. 이 그린하우스는 일반 비닐 하우스와 달리 단정한 모습을 하고 있다. 주변에는 각종 설비가 설치돼 있어 분위기도 달라보인다.

더욱 놀라운 것은 이 그린하우스의 문을 열고 들어서면서부터 느낄 수 있다. 하우스 안에 들어서는 순간 완전히 신천지가 전개된다. 『어째 잘못 들어온 것 아냐…?』 이렇게 중얼거리게 만든다.

보통 비닐 하우스는 초여름에 들어서면 후덥지근한 기온에 진한 거름냄새가 코를 찌른다. 그러나 약 2,000평에 이르는 이 거대한 하우스 안에 들어서면 산뜻한 실내공간을 만나게 된다.

새하얀 바닥재가 깔려 있으며, 시원하게 뚫린 공간 사이에 1만 5,000포기에 이르는 미니 토마토(방울 토마토)들이 가지런히 익어간다. 실내의 기온과 습도는 상큼하기까지 하다.

이 그린하우스가 바로 국내에서 처음으로 완벽한 컴퓨터 시스템을 갖추고 야채류 생산을 기업화한 농장이다. 이 업체를 설립한 주인공은 이천통합영농법인의 김인오 회장(53세)이다.

김 회장은 지난 1993년 6월 서울에서 이 곳으로 내려와 3년 만에

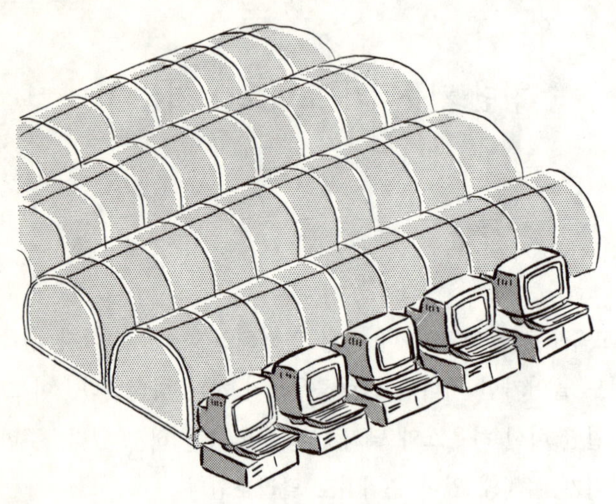

야채류 생산을 기업화하는 데 성공했다.

이 농장에는 일반농가에서 필수적인 것이 대부분 소용없다.

첫째, 농약이 전혀 필요 없다.

둘째, 비료나 퇴비가 전혀 필요 없다.

셋째, 김을 매지 않아도 된다.

넷째, 경운기 등 농기계가 불필요하다.

농장에 꼭 필요한 이런 필수품이 소용 없다는 사실에 의아해할지도 모른다. 그러나 이 하우스의 내부를 잘 살펴보면 금방 이해가 간다. 이 농장 안에는 앤더슨 시스템이란 컴퓨터가 24시간 내내 식물의 영양공급을 조정한다. 배합된 영양액이 마이크로 튜브와 드립 시스템을 타고 토마토 포기포기마다 뿌리 속에 직접 물과 영양을 공급해준다.

이 튜브 및 드립 시스템은 아직 우리나라에서는 개발되지 않아 사막에서 식물을 키우는 기술을 개발한 이스라엘 및 캐나다에서 도입해왔다.

놀라운 것은 일반가옥에서도 설치하기 어려운 냉·난방 보일러 시스템을 뿌리 아래 설치해 뿌리의 온도가 항상 20℃를 유지하고 있다는 점이다. 미니 토마토는 스티로폴 베드 위에서 자란다. 섭씨 1,800℃에서 구운 돌로 된 폴라이트를 2cm 두께로 깔고 그 위에 국내에서는 처음으로 소일리스란 영양흙을 깔았다. 다시 그 위에 7cm의 폴라이트를 덮었다. 이 토양은 냄새가 전혀 나지 않아 작업하기 편리하다. 산성과 알칼리성을 정확히 조정할 수 있으며 영양의 농도도 즉시 조정 가능한 장점이 있다.

이 밖에도 꿀벌이 직접 수종을 할 수 있게 돼 있고, 병충해 예방을 위한 훈증 시스템, 습도조절 송풍기, 50cm 지하보온벽재 등 수많은 장치가 설치되어 있다.

살펴볼수록 농장이라기보다는 클린 룸이 설치된 첨단공장에 가깝다. 가장 우수한 것은 역시 이 곳에서 생산되는 제품이다. 농약과 비료를 쓰지 않은 무공해 미니 토마토이지만 싱싱하기 이를데 없다. 맛도 뛰어나다.

이 제품은 하우스 안에서 따서 그 자리에서 자동선별기를 통해 제품의 크기가 가려져 자동포장기를 지나면서 상자 속에 완전 포장되어 나온다. 이미 국내 백화점들이 서로 가져가기 위해 다툼을 벌일 정도로 인기가 높다. 이 곳에서 생산되는 가지는 이미 일본으로 수출되기도 했다.

김 회장이 처음 이 첨단 영농사업에 발을 들여놓자 주변에서는 한결같이 의아해했다. 과연 성공을 할 수 있을지 의문을 가졌다. 왜냐하면 그는 지금까지 농사일과는 전혀 다른 길을 걸어온 사람이기 때문이었다.

김인오 회장은 지난 1968년 연세대 경영학과를 졸업하고 부친이 경영하던 한미강철을 맡아 경영했다. 겨우 26세 나이에 150여 명의 종업원을 거느리고 강철사업을 시작했다. 3년 반 동안 이 사업을 하면서 기업경영에는 자신감이 생겼다.

그러나 그는 무역업을 꼭 해보고 싶었다. 무역업에 뛰어들기 위해 진로그룹의 주식회사 서광에 무역담당 부장으로 입사했다. 월급쟁이 생활은 이 때가 처음이자 마지막이었다. 여기에서 그는 열심히 일본어를 공부하면서 일본 지역 수출에 전념해 일본 수출시장 전문가로 자리잡았다. 이 때부터 김 회장은 무역협회 무역연수원과 중소기업진흥공단 중소기업연수원 등에서 일본 시장 수출전략에 관한 강의를 10년 이상 맡아오고 있다.

그는 1983년 서울 여의도 호성빌딩에 버텍스코리아란 회사를 세웠다. 이 회사는 일본 유통의 서울 사무소로 당시 연간 3,000만 달러어치의 의류 등을 수출했다.

김 회장은 현재도 이 회사를 계속 경영하고 있으며, 올해에도 약 1,000만 달러 정도를 수출할 계획이다. 이처럼 무역업에서 순탄하고 알찬 경영을 해온 그가 별안간 첨단영농에 발을 들여놓게 된 이면에는 실로 뼈아픈 사건이 숨겨져 있다.

1989년 10월12일의 일이다. 김 회장은 그 동안 계속 무릎 통증으로 시달렸는데, 이 날은 갑자기 일어서 있을 수도 없을 만큼 쑤시는 듯한 아픔을 느꼈다. 견디다 못해 그는 강동 성신병원을 찾아갔다.

그를 진찰해본 박인헌 박사는 그에게 피부암 선고를 내린다. 무릎에 난 상처가 썩어들어가기 시작해 골수암으로 번지기 직전이라는 진단이었다. 더욱이 다리를 절단하지 않으면 6개월밖에 살 수 없다는 소견을 내렸다. 다리 절단수술 성공 여부도 불확실했다. 이 피부암으로 번진 상처는 간단한 사고에서 비롯됐다. 암 진단을 받기 5년 전 가멘트를 일본으로 수출하기 위해 샘플이 가득 든 가방을 들고 일본 나리타 공항에 내려 상담장소인 신주쿠 워싱턴 호텔로 바삐 가려다 난간에 심하게 부딪치면서 생긴 것이었다.

걷기 힘들 정도로 부딪친 자리가 아프고 피가 흘렀지만 약속시간이 촉박해 병원도 가지 않고 버텼다.

그 이후에도 무릎이 자주 심하게 쑤셨지만 정신없이 앞만 보고 뛰느라 어리석게도 병원에 한번도 가지 않고 무릎이 아프면 마이신만 계속 삼켰다고 한다.

1989년 10월15일 그는 결국 다리를 절단했다. 수술에 성공한 후 그는 앞만 보고 달려온 지난날에 회오를 느꼈다.

「이제 주어진 삶을 제대로 살펴보고 정말 꼭 해야 할 일이 무엇인가 찾아보자.」 그는 자신만이 해낼 수 있는 일을 찾기로 결심했다.

김 회장은 『우리 경제가 경쟁력을 갖추는 길은 일본 시장을 뚫는 길밖에 없다』라고 단정을 내린다. 그래서 의족에 지팡이를 짚은 채 각종 연수원 등에서 일본 시장공략을 위한 강의를 맡았다.

1993년 9월13일 그는 농수산물유통공사 임직원들에게 일본 진출 강의를 해줄 기회를 갖고 강의 준비를 했다. 이 때 그는 일본의 농수산물 시장을 조사해보고 놀라운 사실을 발견한다. 일본의 농산물 수입은 연간 650억 달러에 달했다. 그러나 우리나라가 일본에 수출하는 농산물은 10만 달러에 불과했다. 우리 농산물은 왜 수출이 안 되나? 이 의문을 갖고 우리 농산물 수출여건을 점검해나갔다. 수출이 안 되는 문제점은 우리측에 있었다. 수출조건에 맞는 제품을 전혀 생산하지 못하고 있다는 사실을 확실히 파악했다.

이후 그는 네덜란드 암스테르담을 비롯해 스페인 아리칸다, 캐나다 에드몬턴 등 세계적으로 영농을 과학화한 지역이라면 어느 곳이든 찾아갔다.

5년 만에 그는 우리나라에서 내로라하는 그린하우스 전문가가 됐다. 드디어 우리나라 현실에 가장 적합한 첨단 식물생산공장 건설에 성공한 것이다. 이천통합영농법인에서 생산되는 미니 토마토는 유통과정의 선진화를 위해 국내에서는 처음으로 투명용기를 사용하고 있다.

이 곳에서 출하되는 제품에는 「HIT-V」라는 브랜드명이 붙어 있다. 그린하우스 설비로서는 처음으로 보험에도 가입했다. 김 회장은 탐스런 토마토를 따면서 이렇게 강조한다.

『우리 농산물이라면 무조건 국제경쟁력이 없다는 고정관념은 이제 깨버려야 합니다.』

중 소 기 업 인

9.

열성기공 이수열 사장

신용보다 더 큰 재산은 없다

　창업을 하기에 가장 적합한 연령은 몇 살쯤일까? 이에 대해 단정적으로 확답을 내리기란 어렵다. 그러나 열성기공의 이수열 사장(40세)은 사업을 처음 시작하기에 가장 적합한 나이를 35세라고 단정짓는다. 그는 35세를 창업의 적령기로 보는 까닭을 이렇게 설명한다.

　『35세야말로 어느 정도 사회경험을 쌓은 나이입니다. 또 체력과 판단력이 따라주죠. 그리고 만일의 사태가 발생하더라도 재기할 수 있는 나이이기 때문입니다.』 이런 판단에서 그 자신도 35세에 창업을 했다.

　월급쟁이 생활을 하다 창업하려면 대부분 적어도 6개월 이상은 사업준비를 한 뒤 퇴직하게 마련이다. 그러나 이수열 사장은 35세가 된 지난 1991년 9월 아무런 준비도 없이 다니던 회사에 무작정 사표를 냈다.

　1980년 12월 선경건설의 공채1기로 입사해 꼭 10년 9개월 간 근무한 뒤의 일이다. 선경건설에서 그는 주로 플랜트 프로젝트를 관리하고 협력업체에 공사를 발주하는 업무를 맡았다. 이른바 노른자위 부서에서 계속 근무했다.

그러나 1991년 9월 그 동안 맡아오던 프로젝트가 마감되자 의연히 사표를 냈다. 대학 때부터 35세가 되면 사업을 시작하기로 다짐했던 자신과의 약속을 실천하기 위해서였다.

그는 사표를 던진 뒤 사업 아이템에 대해 무척 고심했다. 가능한 한 지금까지 해오던 플랜트 공사가 아닌 다른 분야에 도전해보고 싶었다.

더욱이 당시는 플랜트 건설분야가 불황을 맞고 있던 시기였다. 그 동안 친하게 지내던 협력업체 사장들도 플랜트 공사는 경쟁이 지나치게 치열할뿐더러 전체의 90% 정도가 적자에 허덕인다며 이 분야에서 창업하는 것은 무리라고 말렸다.

적합한 아이템을 찾아 헤매는 데 4개월을 허비했다. 그런데 4개월이 지난 어느 날 한 가지 생각이 머리를 스쳤다.

「플랜트 공사부문이 치열한 경쟁을 벌이고는 있지만 아직까지 10%의 사업자들은 건재하지 않은가. 내가 바로 그 10% 안에 들어가기만 하면 성공할 수 있지 않나. 무엇보다 플랜트 공사는 대기업보다 중소기업에게 훨씬 유리한 업종이지 않은가.」이런 확신이 서자 그는 플랜트 공사부문에서 창업을 하기로 결심했다.

「그래, 품질·가격·신용 이 세 가지만 꼭 지키면 틀림없이 성공할 수 있을 거야.」이 사장은 플랜트 공사 가운데 기계부문에 중점을 두기로 마음먹고 서울 삼성동 무역센터 건너편에 15평짜리 사무실을 얻어 직원 세 명과 함께 출발했다.

이 날부터 그는 서울 시내의 건설회사들을 뛰다시피 찾아다녔다. 그러나 한 달이 지나고 두 달이 지났으나 성과는 자신의 생각만큼 오르지 않았다. 직원들의 월급날은 금방금방 다가오고 일을 시작하지도 못했는데도 임대료 및 부대비용은 자꾸만 지출됐다.

결국 넉 달이 지나도록 단 한 건의 공사조차 따낼 수 없었다. 공사 실적이 전혀 없는데다 사장이 너무 젊다는 이유로 발주를 기피했다. 계속 공사수주에 실패하자 그는 자신의 「친정」인 선경건설을 찾아가 공사 발주를 요청하고 싶은 충동에 끊임없이 시달렸다.

그러나 처음부터 선경의 공사를 맡게 되면 장기적으로 경쟁력을 잃게 될까 우려됐다. 먼저 자력으로 자리를 잡은 뒤 선경을 찾아가겠다고 거듭 다짐했다. 사무실을 차린 뒤 반 년이 지난 1991년 7월 드디어 첫 공사를 수주했다. 삼정건설로부터 상가건물 파이핑 공사 주문을 받은 것이다.

그는 그 공사에 온 정성을 다했다. 첫 공사에서부터 신용을 쌓아두면 언젠가는 주문이 밀려온다는 신념으로 치밀하게 공사를 추진했다. 심혈을 기울여 이 공사를 성공적으로 마무리짓자 미원건설·경향건설·동부건설 등에서 수주가 밀려들기 시작했다.

유공의 원유정제 플랜트 공사를 맡으면서 열성기공은 플랜트 설치 분야에서 유명업체로 올라섰다. 50억 원짜리 공사를 아무런 하자 없이 추진해낸 것이다.

동부제강 냉열설비를 비롯해 선경 매그네틱 기계 플랜트 등을 시공하면서부터 플랜트 설비 중 석유화학분야와 기계부문에서는 선도적인 업체로 자리를 잡았다.

수소도입시설, 해상배관공사, 화학탱크 제작 등 고난도 플랜트 설치까지 자신 있게 처리해왔다. 그 동안 해외 엔지니어링 회사가 맡아오던 공사도 자체 기술로 설계·시공했다.

열성기공은 현재 서울 서초동 남부터미널 지하철역 인근에 지하 2층 지상 5층의 신사옥을 짓고 있다. 오는 10월 초 이 사옥으로 입주할 예정이다. 열성은 이 사옥 완공을 기점으로 새로운 도약을 꿈꾸고 있다.

열성기공은 어떻게 이처럼 빠른 시간 안에 플랜트 분야에서 선두업체로 뛰어올랐을까?

이 의문을 풀기 위해 열성기공이 설치한 울산 지역의 여러 플랜트들을 찾아가봤다. 이들 플랜트를 가동 중인 공장은 한결같이 하자가 거의 없다며 꼼꼼한 열성기공의 시공기술을 칭찬했다.

이들은 『열성기공은 하자비용이 거의 들어가지 않기로 유명한 업체다』라고 설명했다. 품질과 신용을 반드시 지키기로 한 창업 때의 결심이 성과를 거두고 있음을 실감하게 했다.

이 덕분에 한번 공사를 맡겼던 기업은 꼭 열성기공에 재발주를 하고 있다고 한다. 열성기공은 대규모 플랜트 공사를 추진할 때는 6명의 최고급 기술인력이 450명의 종업원을 체계적으로 관리해줄 뿐만 아니라 설계 및 시공, 시운전까지 일괄처리해줘 발주업체들로부터 계속적인 호응을 얻고 있다.

뒷얘기지만 열성기공이 꾸준히 성장할 수 있었던 배경에는 이 사장의 독특한 자금관리 기법도 큰 도움이 됐다. 사실 건설관련 업계에서는 장기어음거래가 많다. 따라서 자금관리에 실패해 곤란을 당하는 업체들이 수없이 생겨난다. 그러나 이 사장은 기계공학을 전공하고 플랜트 분야에서만 일해왔지만 금융기관에서 오랫동안 근무한 부친의 영향 덕분에 자금조달 및 흐름에 상당한 노하우를 지니고 있다.

그의 자금관리 비법은 참으로 독특하다. 『돈이란 끌어안고 있어야 하는 것이 아니라 자기 앞으로 흘러가게만 하면 됩니다.』 그는 자신의 비법을 이렇게 짧게 설명한다.

예를 들어, 2,000만 원어치의 자재를 선납하는 회사 10개만 확보하면 2억 원의 자금을 은행에서 빌리는 것과 마찬가지가 된다는 말이다. 대출을 받아 자기 손에 돈을 쥐고 있어야만 안심이라는 방식의 자금관리는 위험하다고 지적한다. 또한 돈은 자기 앞으로 흘러가도록 만들어야 하지만 이 같은 자금관리 비법도 신용이 바탕이 되지 않으면 한낱 물거품에 불과하다고 강조한다.

그는 아무리 친한 사람과도 신용거래를 손상시키는 일은 결코 하지 않는 성품이다. 스스로도 꾼 돈을 먼저 갚지 않으면 못 배기는 성격이라고 평가한다.

역시 자금관리의 진짜 비법은 신용인 셈이다. 그의 진짜 경영비법도 역시 신용인 셈이다.

이제 이수열 사장이 진두지휘하는 열성기공은 플랜트 분야에서는 국내 최고수준에 올랐다. 그러나 이 사장을 만나보면 누구나 그의 성실성에 놀라게 된다. 플랜트 분야에서 최고의 자리에 올랐음에도 불구하고, 그는 결코 자만하지 않는다.

신중히 새로운 분야를 끊임없이 탐색하는 열성기공의 미래는 밝아보인다. 이 회사는 신사옥 입주를 계기로 사업다각화에 나설 예정이다. 이미 피복제 등 화학건자재 분야에 진출하기 위해 신설법인을 설립 중이다. 더욱 부가가치가 높은 분야에 대규모 투자를 계획하고 있다. 우리는 곧 건자재 분야에서 우뚝 솟아오르는 새 기업을 곧 보게 될 것이다.

10

일신유화 윤동훈 사장

세계 「빅3」 계면활성제 공장

지난 1985년 일신유화의 윤동훈 사장(57세)은 김포읍에 있는 계면
활성제 설비를 새로이 교체하기 위해 이 분야 권위자인 일본의 요시
노 사장을 초청했다.

김포공항에 나가 요시노 사장을 맞이해 곧장 공장으로 향했다.

윤동훈 사장은 요시노 사장에게 일신유화의 공정내용과 기술수준
등을 열심히 설명했다. 그러나 공장을 둘러본 요시노 사장은 무척 실
망스러운 표정을 지었다. 윤 사장이 『우리 회사의 기술수준이 어느
정도입니까?』라고 묻자 요시노 사장은 이렇게 대답했다.

『이건 일본에서 적어도 20년 전에 쓰던 수준입니다.』 이 대답을
듣는 순간 윤 사장은 심한 수치감을 느꼈다. 「그래도 국내에서는 가
장 우수한 제품을 만든다고 자부해왔는데 20년 전 수준이라니….」

윤 사장은 요시노 사장을 보낸 뒤 며칠 간 밤잠을 이루지 못했
다. 그는 일단 일본의 공장을 찾아가 최신설비를 살펴보기로 했다.

20일 뒤 일본을 찾아간 윤 사장은 그제서야 자신의 기술이 얼마나
뒤떨어져 있는지를 실감하게 됐다. 그 자리에서 공장설비를 완전히
혁신시킬 수 있는 마스터 플랜을 짜기로 하고 일본측에 플랜트를 설
계해줄 것을 요청했다. 요시노측은 설계를 해주는 데만 무려 400만

엔을 요구했다. 결코 작은 비용은 아니었으나 윤 사장은 일본의 요청을 받아들여 설계기술을 도입해 일본 기술로 김포공장을 다시 지었다. 그러나 윤 사장은 이 때 요시노 사장에게 당한 수치심을 잊지 않았다. 언젠가는 일본보다 나은 기술을 가진 공장을 짓겠다는 다짐을 했다. 요시노 사장에게 수모를 당한 뒤 꼭 10년 만인 1995년 윤 사장은 드디어 세계 최고수준의 첨단공장을 지었다.

새로 지은 일신유화 청주공장은 대지 2,000평의 대규모 공장이다. 이 공장에서 생산하는 제품은 산업용 계면활성제, 특히 비이온 (非ion) 계면활성제를 만든다.

이 공장은 비이온 계면활성제 분야에서는 규모 면에서도 국내에서 최대이자 세계에서 세 번째로 큰 공장이기도 하다. 이 공장에는 특이한 점이 참 많다. 이렇게 큰 공장이지만 생산부문에 근무하는 종업원은 단 네 사람뿐이다. 이들 네 사람 중 세 사람은 포장부문에서 일을 하고 있어 실제 생산현장에 근무하는 사원은 한 명뿐인 셈이다. 그나마 그 직원도 중앙제어 컴퓨터실에서 근무한다. 이 공장은 전체가 완전 자동화되어 있다.

이에 비해 이 공장 옆에 있는 일신유화 연구소에는 박사 및 석사 연구원 15명이 근무한다. 연구원 15명에 생산직원 1명이란 실로 특이한 인력구조를 갖고 있다. 인력구조 면에서 일반 제조업체와는 완전히 다른 것이다.

윤 사장이 청주공장에 대해 더욱 자부심을 갖는 것은, 이 분자선별증류방식의 첨단 계면활성제 제조공법이 일본으로부터 도움을 받은 것이 아니라 KAIST와 일신유화 연구소가 공동으로 개발해냈다는 점이다. 다만, 일부 핵심기술에서만 독일 기술을 도입했을 따름이다.

계면활성제란 서로 혼합되지 않는 두 가지 물질이 만나는 계면(界面)을 활성화시켜주는 물질을 말한다. 물과 기름은 서로 잘 섞이지 않지만 계면활성제를 쓰면 잘 섞인다. 계면활성제는 이런 유화능력 외에 기포 분산 등의 능력도 있다.

이 계면활성제는 식품용과 산업용으로 크게 나뉜다. 이 물질은 한약에 쓰이는 감초처럼 제조분야라면 안 쓰이는 곳이 없을 정도다. 가죽을 부드럽게 하는 것, 비닐에 물이 묻지 않게 하는 것, 섬유의 감촉을 좋게 하는 것 등에서부터 첨단 원료까지 매우 다양하게 사용되고 있다.

현재 일신유화가 생산하는 제품 가운데는 프리텍스라는 이름의 계면활성제가 있다. 이 제품 한 가지만 해도 마가린 · 쇼트닝 · 제빵 ·

껌·인스턴트 스낵·초콜릿·커피·버터·샐러드 드레싱·우유 등 50여 가지의 식품에 들어간다.

계면활성제란 이처럼 설명하기조차 힘들 만큼 다양한 성격의 물질이라고 할 수 있다. 윤 사장이 지난 30년 간 계속 계면활성제에만 몰두한 이유는 계면활성제의 이런 다양성에 매료됐기 때문인지도 모른다.

충북대와 고려대 대학원을 나온 윤 사장은 ROTC로 입대해 중위로 제대한 뒤 1968년 동신화학 연구소에 입사하면서부터 계면활성제와 인연을 맺었다. 이 때부터 오직 이 분야에만 몰두하게 되었다.

그가 기업을 처음 만든 것은 지난 1972년이다. 자신이 근무하던 동신화학이 법정관리를 받게 되자 사표를 내고 나와 친구와 함께 일신산업사란 이름으로 공항동에 계면활성제 공장을 차렸다. 마침 이 지역은 공항 확장지역으로 묶여 있어 큰 돈 없이 공장을 차릴 수 있었다.

이후 1978년 친구와 결별하고 단독으로 회사를 재창업했다. 이 때 팜오일과 우지를 원료로 계면활성제를 생산했는데, 장사가 잘 돼 김포에 1,200평의 공장부지를 마련했다.

1981년에는 건평 220평의 공장을 세웠다. 바로 이 공장이 4년 뒤 일본의 요시노 사장에게 창피를 당했던 공장이다. 기업이 세계화하지 않고서는 살아남을 수 없다는 사실을 깨달은 것도 이 때다.

일신유화 청주공장에서 생산하는 제품 가운데 30%만 국내에서 판매되고, 70%는 해외에 수출된다. 따라서 국제경쟁력이 떨어지면 시장을 잃게 된다. 때문에 윤 사장은 한 달에도 몇 차례씩 동남 아시아 시장을 찾아 나선다.

윤 사장은 이제 영어를 못 하는 기업인은 살아남기 어렵다고 강조한다. 영어를 배우기 위한 윤 사장의 노력은 대단했다. 대학을 다닐 때 영어를 잘 해보기 위해 몇십 리 떨어진 고아원에 있는 미국인 신부를 찾아가 영어를 배웠고 군대에서는 통역장교를 지냈다. 계면활성제 사업을 하면서도 연대·서강대 등 어학당에 나가 끊임없이 영어를 갈고 닦았다. 그럼에도 불구하고 충분하지 않아 미국인을 채용해 집에서 함께 생활하며 익히기도 했다.

이렇게 배운 영어실력이 지금은 계면활성제 수출상담 및 기술제휴 활동에 크게 기여하고 있다.

이처럼 영어를 익히는 과정은 윤 사장이 기업을 하는 성격과도 비슷한 점이 많다. 한 분야를 겨냥하면 그 분야에서 최고가 될 때까지 끊임없이 힘을 쏟는다는 점이다.

계면활성제 개발에서도 영어 공부하듯 엄청난 노력을 했다. 그는 일신산업사를 경영할 때부터 계면활성제 분야에서 연구개발을 계속해 일신모노구리란 제품을 직접 만들어냈다.

이 제품은 아이스크림 제조분야에서 품질을 인정받아 우리나라에서 처음으로 「식품첨가물 1호」로 등록됐다. 식품첨가물 1호 개발자가 바로 윤동훈 사장인 것이다.

또한 그는 KAIST와 공동으로 1억 2,000만 원을 들여 미생물을 이용해 지방분해로 모노구리 세라이드를 만드는 공정을 특허출원하기도 했다.

계면활성제는 순도가 높은 것이 생명이다. 순도가 80%를 넘어서면 좋은 제품으로 꼽힌다.

그러나 일신유화의 제품은 순도가 95%에 이른다. 이처럼 품질을 세계 최고수준까지 끌어올린 데는 윤 사장의 남모르는 피땀이 숨겨져 있다.

그는 한평생을 오직 계면활성제 분야에 바친 것으로도 모자라는지 그의 아들에게까지 이 분야의 공부를 하도록 했다.

윤 사장의 외동아들은 현재 일본 나고야 대학 대학원에서 화공분야를 공부하고 있다.

아들에게 사업을 물려줄 계획이냐는 질문에 윤 사장은 물론이라고 대답한다. 다만, 현재의 수준을 기반 삼아 새로운 프로젝트를 발굴해 이어가길 바란다고 덧붙인다.

11

·

새턴기업 정인환 사장

과감한 설비투자가 성공의 열쇠

얼마 전 독일 뒤셀도르프에서 국제플라스틱 박람회가 열렸다. 이 박람회는 세계적으로 유명해 국내에서도 많은 기업인들이 참관했다. 특히 한국플라스틱조합에서는 50여 명의 참관단을 파견했다. 이 참관단원 중 대부분이 중소기업 사장이었다. 그러나 이 중 한 사람은 사장이 아니라, 새턴기업이란 작은 업체의 기술개발담당 차장 직함으로 참석했다.

이 작은 회사의 함응환 차장은 부부 동반으로 참가했다. 사장들도 혼자 참여하는데, 차장급이면서도 부부가 참여한 것이다. 의아심이 생겼다.

도대체 저 회사의 사장은 어떤 사람이길래 사원 부부를 해외박람회에 참가시켜줄까?

그러나 기술담당 차장을 박람회에 참석시킨 그 회사의 결정은 옳아보였다. 그는 첫날부터 박람회에 나온 플라스틱 제품을 꼼꼼이 살피며 일일이 관찰했다. 함 차장은 땀을 흘려가며 만져보고 뒤집어보고 필요한 사항은 열심히 메모했다.

그는 박람회 관람을 마칠 즈음 기술개발에 필요한 제품인 듯 보이는 어린이용 파란색 플라스틱 욕조를 하나 구입했다. 박람회가 끝난

뒤 일행은 스페인과 아프리카의 모로코로 여행을 떠났다.

때문에 파란색 욕조는 비행기를 타고 내릴 때마다 큰 짐이 됐다. 그러나 함 차장은 그런 번거로운 일에도 전혀 아랑곳하지 않았다. 공항대합실에서도 욕조에 걸터앉아 열심히 재질을 만져보곤 했다.

귀국한 이후 함 차장에 대해서는 까마득히 잊고 지냈다. 6개월이 지난 뒤 중소기업진흥공단의 중소기업 기술지도 팀과 함께 경기도 포천에 있는 새턴기업을 방문했을 때도 함 차장이 이 회사에 다닌다는 사실을 기억해내지 못했다.

이 공장을 찾아가 ABS수지(아크릴로니트릴, 부타디엔, 스티렌의 혼성중합체) 욕조를 만들기 위한 몰드 개발실에 들어갔을 때 누군가가 큰 소리로 인사를 했다. 돌아보니 함 차장이 서 있었다.

그제서야 독일에서 만났던 함 차장이며, 이 회사 사장이 누구인지

11. 새턴기업 정인환 사장

궁금했던 기억이 떠올랐다. 공장을 안내하던 사장의 얼굴을 다시 쳐다보았다.

「이 사장이 바로 독일 박람회에 직원 부부를 내보낸 사람이구나.」그가 바로 정인환 새턴기업 사장(48세)이다. 그에게 중소기업으로서 어떻게 사원 부부를 해외여행 시켜줄 생각을 가지게 되었는지 물었다.

『기업에게 가장 중요한 재산은 사람입니다.』정 사장은 사람을 성장시키려면 회사에서도 부부관계를 중시해줘야 한다고 못박는다. 집밖에서 대인관계를 잘 맺으려면 집안이 화평해야 한다는 것이다. 이런 인간관계를 중시하지 않는 기업은 클 수가 없다고 강조한다.

정 사장이 인간관계를 이렇게 중시하는 것은 자신의 특이한 경력 때문인지도 모른다.

그는 28세에 전국택시공제조합에서 보상담당 대리로 3년 간 근무하다 32세인 1982년 신영산업운수의 전무이사가 됐다.

신영산업운수는 서울 도봉구 방학동에 있는 택시회사다. 이 회사에서 그는 130대의 택시와 260명의 기사 및 직원을 관리했다.

택시회사의 기사들은 학력·경력·출신 등이 매우 다양해 이들의 욕구를 모두 수렴하기란 매우 힘들었다. 무엇보다 30대 초반의 젊은 전무이사로서 나이 든 운전기사들을 관리하기란 쉬운 일이 아니었다. 그는 어떠한 사람의 의견이건 건성으로 듣지 않았다. 사사로운 불만까지도 성의를 다해 들어주었다.

그의 이 같은 대인관리는 택시회사의 노사분규가 극심했던 1987년에 빛을 발하게 된다. 서울시내 거의 대부분의 택시업체들이 노사분규에 휩싸여 갈팡질팡하고 있었으나, 신영산업에서만큼은 단 한 건의 분규도 일어나지 않았다.

이 때 그는 20~60대까지 다양한 연령층의 사원들을 관리하는 택시회사 특유의 인력 및 수금관리 등을 전산화하는 택시회사전용 전산 시스템을 개발했다. 이 프로그램은 서울시내 10여 개 택시회사가 선택했으며 소프트웨어 업체는 이를 상품화하기도 했다.

정 사장은 택시회사 전무를 맡으면서 자동차사고 보험처리업무를 많이 다루었던 경험을 바탕으로 1983년부터 부인으로 하여금 보험대리점을 운영하도록 했다. 도봉구 쌍문동 정희여고 앞에 자동차 보험대리점을 차렸다.

부인이 대리점 사장을 맡되, 특별히 어려운 상황에 부딪치면 그가 직접 나서서 해결해주었다. 그들은 이 대리점에서 연간 20억 원의 계약실적을 올리면서 꽤 많은 돈을 벌었다. 보험모집은 한결같이 대인관계를 통해 이뤄지는 것이 상례다. 그는 이 대리점을 경영하면서 보험모집과는 다른 인간관계의 중요성을 깨달을 수 있는 기회를 갖는다.

의정부에서 목재 욕실장을 만드는 영세업체 사장 김학선 씨를 만나는 기회를 얻게 된 것이다. 김학선 사장은 정 사장 장인의 친구였다. 김 사장은 너무 영세한 공장을 운영하느라 서울 사무실을 따로 둘 수 있는 형편이 아니었다. 이 사정을 알아챈 정 사장은 김 사장이 보험대리점 사무실 내에 책상을 하나 따로 놓고 서울사무소로 활용할 수 있게 했다.

이 때부터 정 사장과 김 사장은 5년 간 한 사무실을 썼다. 1989년 초가 되면서 정 사장은 택시회사를 그만두고 제조업에 뛰어들 생각에 빠져 있었다.

하루는 정 사장이 이 생각을 털어놓자 김 사장이 자신과 함께 하자며 간곡히 부탁했다. 정 사장은 처음에는 내키지 않았으나 계속 설득을 하는 바람에 욕실장 업계에 발을 들여놓게 됐다.

정 사장으로서는 보험대리점으로 번 돈이 있어 자금사정은 괜찮은 편이었다.

그는 의정부 용현동에 있는 80평짜리 욕실장 생산공장에 40% 지분으로 참여했다. 그는 김 사장이 영세업자로 남아 있었던 것은 적극적인 영업활동을 펴지 않은 탓으로 판단했다. 따라서 공동사장을 맡은 날부터 그는 영업전선으로 뛰어들었다.

마침 나무로 만든 욕실장에 습기가 차는 단점을 개선해 플라스틱 욕실장을 개발해놓은 단계였다. 정 사장은 이 플라스틱 욕실장을 1개월 만에 상품화한 뒤 이를 승용차의 트렁크나 뒷좌석에 싣고 서울 시내 대형 건설회사를 찾아다녔다.

건설회사 구매부서에서는 제품의 우수성은 인정했으나 구매품목을 쉽게 바꾸지는 않았다.

이번엔 당시 아파트를 가장 잘 짓는다는 우성건설을 계속 찾아가 설득했다. 우성건설은 한 달이 지나서야 분당신도시에 짓는 시범아파트에 이 플라스틱 진공성형 욕실장을 쓰기로 결정했다.

우성건설이 이를 채택하자 이번엔 주문이 마구 쏟아지기 시작했다. 그는 영업을 처음 시작한 지 3개월 만에 무려 10억 원어치의 욕실장을 팔았다. 이것 역시 인간관계를 잘 유지하면서 상대방을 설득한 덕분이었다.

그에게 남을 설득할 수 있는 특별한 기술이 무엇인지 물어봤다. 그는 『내 주장을 먼저 펴기에 앞서 상대방의 의견을 들어주는 것이다』라고 단언했다. 이처럼 그의 첫 사업은 뛰어난 영업능력에 힘입어 대성공을 거둔다.

그러나 2개월이 더 지나면서 처음의 즐거운 비명은 우려로 나타나기 시작했다. 단번에 20억 원 규모의 주문이 추가되자 이를 소화해낼 생산설비가 없었다.

이 진공성형 욕실장은 이 회사가 단독으로 개발한 품목이어서 하청생산을 할 수도 없는 형편이었다.

그는 생산공장을 짓기로 마음먹었다. 위험을 무릅쓰고 대규모 투자를 감행키로 한 것이다. 그러자 동업자인 김 사장이 그를 말렸다. 공장을 더 키우면 안정 경영이 흔들릴 수도 있다고 충고했다.

결국 정 사장은 동업관계를 청산하고 현 공장 위치인 포천군 군내면에 1,600평의 부지를 확보하고 공장건설에 착수했다.

보험대리점으로 번 돈과 은행차입금 등 조달 가능한 모든 자본을 이 공장을 짓는 데 투입했다. 1991년 5월 공장이 완공되면서 정 사장은 사원들에게 온갖 정성을 다 쏟았다. 이에 힘입어 새턴은 매년 50% 이상 성장을 유지하면서 욕실기기 전문생산업체로 발돋움했다.

이제 다음번 국제플라스틱 박람회에서도 새턴기업의 사원이 부부동반으로 참관하는 모습을 볼 수 있을 듯하다.

12

대정기계 박헌진 회장

탈개운동을 아십니까?

서울 논현동 관세청 앞에 자리잡은 대정기계의 사무실에 들어서면 커다란 현판이 보인다. 그 곳에 넉 자로 쓰인 붓글씨가 한눈에 들어온다.

「탈개운동(脫改運動)」. 누구든 이 사무실에 들어서면 도대체 탈개운동이 무엇이냐고 물어온다. 이는 바로 이 회사가 실시 중인 경영혁신운동을 일컫는 말이다. 어떠한 경영서적에도 나오지 않는, 대정기계가 직접 개발한 기법이다. 이름 그대로 신토불이의 혁신운동인 셈이다.

탈개운동이란 일반회사에서 실시하는 100PPM이나 리엔지니어링과는 엄청나게 다르다.

이 회사의 박헌진 회장(58세)은 『탈개운동이란 사람들의 의식을 바꿔나가기 위한 운동이다』라고 밝힌다.

지금까지 기업들이 벌여온 초(秒)관리운동이나 품질관리운동은 물리적 측면이 강조된 개혁운동인 데 비해, 이 탈개운동은 매너리즘을 깨는 순수한 정서(情緖)혁신운동이라는 것이다.

이 탈개운동은 기업경영적인 내용보다는 사적이고 정서적인 것에 중점을 둔다.

　각 임원 및 사원들은 앞으로 탈피해야 할 사항을 「탈」 항목에 적는다. 즉 지금까지 젖어 있던 구태의연한 행동으로부터 벗어나야 할 내용을 적어둔다.

　이에 반해 「개」 항목에는 앞으로 개선해야 할 사항을 적는다. 이 항목은 1분기에 한번씩 바꿔나간다. 실제 사원들이 제시한 항목을 보면 대단한 내용은 많지 않다. 정말 하찮은 사항일 따름이다.

　이영우 부사장은 탈 항목에 「음주 다음날 지각」을 새겨넣었다. 접대 술을 마신 다음날 가끔 30분 정도씩 출근 시간에 늦는 경우가 있는데, 이를 없애겠다는 뜻이다. 개 항목에는 「1일 1거래처 방문」을 실천하겠다고 밝혔다.

　500여 명의 사원들이 적어놓은 탈개항목을 보면, 모두가 매우 현실적이고 당장 실천할 수 있는 내용들이다.

영업부의 장재영 씨는 탈 항목에「급히 운전하는 습관」을 쓰고 개 항목에는「전화통화 때 메모하는 습관을 갖자」라고 다짐했다. 어떤 직원은 다리를 꼬고 비스듬히 앉는 버릇을 고치려고 노력했으며, 책을 많이 읽으려고 힘썼다. 모두들 회사경영 내실에 중점을 두기보다는 사원 각자가 고정관념을 깨는 일에 초점을 맞췄다.

탈개운동추진본부장인 김창성 이사는『이처럼 개인적이고 하찮은 듯 보일 수 있는 다짐이 사원 스스로 개선을 거듭하는 동안 본인의 의식개혁은 물론 회사의 경영혁신에 크게 이바지하고 있다』라고 강조한다.

지난해부터 실시한 이 탈개운동 덕분에 대정의 사내 분위기는 더욱 따뜻해졌다.

예컨대, 임원들의 경우 가끔 결재사항의 제목만 보고서 직원들에게 언성을 높이는 부정적인 태도가 사라졌다. 이영우 부사장은 음주 다음날 지각하는 버릇을 완전히 고쳤으며, 그의 거래처 관리는 더욱 완벽해졌다.

외국어 공부를 열심히 하는 사원들도 크게 늘어났다. 지각하는 사원, 짜증내는 사원도 없어졌다.

이 같은 경영혁신운동은 박 회장의 개성을 잘 반영한 것이다. 박 회장은 마흔 살이 넘어서 사업을 시작한 기업인이다.

일반적으로 대기업의 임원으로 있다가 40세에 창업을 하려고 스스로 뛰쳐나오기란 참 힘든 일이다. 명예퇴직도 아닌데 그 동안 쌓아온 경력과 실적을 다 버리고, 완전한 무에서 다시 시작하기란 웬만한 용기로는 상상하기도 어렵다.

무엇보다 밀려나지 않고 자발적으로 뿌리치고 나오기란 쉽지 않은 것이다. 대정기계의 박 회장은 1978년 현대건설 중장비공장 공장장을 맡고 있다가 주위의 만류에도 불구하고 창업의 길을 선택했다.

연세대학교 경제학과를 졸업하던 1969년 11월 현대건설에 입사해 10년이 지난 뒤의 일이다.

그는 현대그룹에서는 상당히 빠른 속도로 승진하면서 실력을 인정받았다. 현대에서 실력을 인정받던 그가 갑자기 사직하려 하자 회사 측에서는 신설 계열회사를 맡기겠다며 말리기까지 했다.

그러나 그는 전문경영인의 길은 언젠가는 한계에 부닥쳐 좌절되고 말 것이라는 생각을 가졌다. 지금 시작하지 않으면 늦어질 수 있다는 판단을 내렸다.

여러 가지 난관이야 많겠지만 장기적인 측면에서 본다면 창업의 길이 더 큰 꿈을 펼칠 수 있을 것으로 내다봤다. 사표를 내고 한 달 뒤인 11월, 그는 신설동에 조그마한 사무실을 하나 얻어 대정기계공업이란 간판을 내걸었다.

창업의 길은 예상보다 힘들었다. 현대에서 쌓은 경험을 바탕으로 건설장비인 호이스트카 업체를 만들기로 했으나 자금조달에 어려움이 뒤따랐다. 거래처의 태도도 대기업에 있을 때와는 판이했다.

박 회장은 그 숱한 어려움을 극복하고 이제 대정기계를 비롯해 극동운반기계, 대정건영, 주식회사 타이다이(해외법인) 등 4개 사를 거느린 기업인이 되었다.

대기업을 다니다 뒤늦게 창업을 했음에도 불구하고 계속 성장을 해온 것이다. 이런 성장을 일궈놓은 경영비결은 과연 무엇일까?

이 회사의 경영조직을 살펴보면 여느 회사와 크게 다른 점이 없다. 임원들의 성격도 그리 두드러지진 않는다.

그럼에도 불구하고 이 회사는 사람들을 끌어당기는 신비한 힘이 있다. 최근에는 일본의 기술제휴업체인 키다이의 연구원들이 이 회사를 찾아왔다가 이 곳의 따뜻한 분위기에 젖어 출장을 연기하면서까지 기술지도를 아끼지 않았다.

이 회사에 들어서면 이상하게도 어릴 적 「외갓집」을 찾아갔을 때처럼 푸근함이 느껴진다. 어디서 그런 분위기가 솟아나는 것일까?

무엇보다 박 회장은 실무 업무 하나하나에 대해 사원들에게 따지는 일이 결코 없다. 그는 구체적인 업무기안에 대해 잘잘못을 따지기보다는 그 사람의 인품을 고치도록 요구하거나 칭찬을 해준다.

대부분의 기업인들이 가정보다는 회사에 더 충실할 것을 요구하지만 박 회장은 회사와 가정을 한울타리로 보려 한다. 직원들 모임에는 가능하면 부부가 함께 참석하도록 한다.

박 회장의 겸손한 성격 때문에 부하 사원 부부가 회사행사에 함께 참석해도 전혀 부담을 가지지 않는다.

박 회장은 해마다 한두 번씩 사원 부인에게 책을 선물한다. 사원 부인 중에는 책을 읽고 그에게 편지를 쓰기도 한다.

이 회사의 경영혁신운동인 「탈개운동」도 바로 이런 분위기에서 비롯된 것이다. 사내에서 너무 합리적이고 빡빡한 혁신운동만 추진하다 보면 오히려 불합리한 결과를 초래할 수 있다는 것이 박 회장의 판단이다.

이런 정서적인 사내 분위기와 경영혁신운동은 그 동안 예상외의 효과를 거두었다. 대정기계 발전사업본부가 이뤄낸 성과가 이를 검증한다.

이 회사가 건설한 삼천포 화력발전소 공사에는 파워블록 건설 등에서 1만 포인트 이상의 접합기술이 요구된다. 이 대규모 화력발전소가 완공됐을 때 100여 개의 결점이 돌출되는 것은 세계적으로도 흔히 있는 일이다.

그러나 놀랍게도 이 화력발전소가 완공되고 첫 시험운전에 들어갔을 때 단 하나의 결점도 나타나지 않았다. 세계 발전소 건설사상 처음 있는 일을 해낸 것이다.

이런 실적은 단순히 합리적 경영혁신운동만으로는 일궈낼 수 없는 것이다. 정서적인 분위기 속에서 사원들이 자발적으로 업무를 추진함으로써 얻어진 결과임에 틀림없는 듯하다.

이런 인화의 힘을 높이 평가해 한국개발기술금융(KTB)과 한국기술금융, 한국개발투자 등 3개 신기술사업 금융회사에서 34% 지분에 투자하기도 했다.

박 회장이 이뤄낸 이 정서적인 바탕 위에 엄청난 기술투자를 하는 것이 이 회사의 또 다른 강점이다. 원통형 지브크레인, 무연·무취 소각로, 공사용 로봇, 원자력 발전소, 파워블록 등 이 회사가 국내에서 처음으로 개발해 상품화한 기술이 무려 20가지에 이른다.

최근 들어서는 송전철탑을 건설하는 데 필수장비인 철탑 크레인을 국내에서 처음으로 개발하기도 했다. 한전연구원의 중소기업 지원자금으로 한국전력과 공동으로 3년 만에 개발한 이 철탑 크레인은 한국전력의 765kV 송전 시스템을 설치하기 위한 철탑건설에 투입되고 있다.

이번에 개발된 크레인은 산간벽지 등에서 대규모 철탑을 건설하기 위한 것으로 2t급의 자재를 150m까지 끌어올릴 수 있다.

특히 이 철탑 크레인은 유압식 클라이밍 시스템으로 되어 있어 자

재를 싣지 않았을 때는 네 배의 속도를 낼 수 있어 작업시간을 줄일
수 있는데다가, 과부하 방지장치를 비롯해 선회제한장치, 기복제한
장치 등 다섯 가지의 안전장치가 장착되어 있다.

이 장비는 철탑특수용도로 안전성에 첨단기술을 채택해 개발기간
에 오랜 시간이 걸렸으며, 현재 특허를 출원 중이다.

이처럼 뛰어난 대정의 기술개발능력도 박 회장이 만들어낸 정서적
분위기가 밑바탕이 됐기 때문에 가능했다.

철, 기술, 사람. 이 세 가지는 전문화에 승부를 거는 대정의 상징
이다. 철을 소재로, 고도의 기술을 개발해, 인화의 바탕 위에 세계
최고의 제품을 만들어내는 것이 이 회사의 목표다. 대정기계는 바로
이 세 가지의 기초 위에서 끊임없이 성장해나갈 것이다.

13

·

경창산업 손일호 사장

일본 기업 도산시킨 경영 2세의 다짐

1979년 3월 말 차가운 봄비가 내리고 있었다. 대구에 있는 자동차 부품업체인 경창산업의 손일호 사장(44세)은 당시 이 회사의 사업부장을 맡고 있었다.

이 날 그는 페달, 와이퍼, 암 블레이드, 브라켓 등 자동차 부품을 현대자동차에 납품하러 갔다. 납품사원이 결근을 한 탓에 그가 직접 나선 것이다. 직책이 부장이었지만 그는 며칠째 트럭을 몰고 자재와 부품을 번갈아 싣고다니는 중이었다.

그는 3t 트럭에 부품을 가득 싣고 울산으로 향했다. 비는 계속 쏟아지는데 앞이 제대로 보이지 않아 무지하게 고생을 했다. 더욱이 현대자동차에 도착해보니 등록되지 않은 트럭은 공장 안으로 들어갈 수가 없다며 저지했다.

수위에게 아무리 설득을 해도 그는 듣지 않았다. 하는 수 없이 그는 리어카를 빌려 부품을 옮겨 실은 후 비를 맞아가며 직접 끌고 가 납품처에 가져다 주었다. 찬비가 계속 내려 속내의까지 다 젖어 몹시 추웠다. 온몸이 덜덜 떨렸다. 그럼에도 그는 끌고 간 리어카에다 다시 필요한 자재를 공급받아 트럭에 적재했다. 그는 트럭 안에서 내의를 모두 벗은 뒤 물을 짜서 말리면서 여러 가지 생각에 사로잡혔다.

내가 그래도 사장 아들인데 이런 험한 일까지 해야 하나…. 한참이나 고민에 빠졌다. 그러나 다음 순간 이런 생각이 들었다.

「그래, 내가 사장 아들이 아니라면 이렇게 비를 맞아가면서까지 납품시한을 지켰을까?」

그는 이 날 사장 아들이란 지위가 결코 자신을 편하게만 해주는 자리가 아니란 점을 깊이 깨닫게 됐다. 이 날부터 손 사장은 손에 기름을 묻히는 험한 일이라도 사원들보다 앞장서서 일하기로 다짐했다. 언젠가는 세계.최고의 와이퍼를 만들어내겠다는 다짐도 했다.

요즘 업계에서는 창업 2세가 사장을 맡는 회사들이 엄청나게 많아졌다. 이들 창업 2세는 몇 가지의 공통점이 있다. 아버지를 잘 만난 덕분에 귀하게 자라 대부분 깔끔한 성품을 지녔으며, 거의 외국에서 대학을 다녀 나름대로 엘리트 의식을 가졌으며 거만하다.

그러나 경창산업의 손 사장은 태도나 차림새 등 어느 쪽에서 보건 창업 2세의 분위기가 드러나지 않는다. 지독하게 고생을 하면서 사업을 일으킨 사람처럼 느껴진다. 왜 그럴까. 손 사장은 스스로 가정 분위기 때문이라고 분석한다.

손 사장이 어릴 때 그의 집은 대구 달성동에서 과자점을 했다. 어머니는 새벽 4시에 일어나 밤 12시까지 일을 했다. 부친은 일제 때 일본에서 금형기술자 생활을 했는데, 1961년 자전거 체인공장을 시작해 지금의 대규모 자동차 부품회사로 성장시켰다.

경창산업이 중견기업이 된 뒤에도 손 사장의 어머니는 회사식당에서 아줌마 한 사람과 500여 명의 사원들에게 직접 시장에서 찬거리를 구해 밥을 지어주는 일을 맡아서 했다.

손 사장은 이렇게 말한다. 『일을 스스로 찾아서 하는 습관은 어릴 때부터 몸에 익혀왔다.』 그런 탓에 손 사장은 어려운 일을 당할 때마다 이를 악물고 나아가 전보다 더 나은 회사로 바꾸어놓는 기질을 갖추게 됐다.

경창산업이 경쟁대상을 항상 일본의 동종업계 기업으로 삼는 것도 이런 기질과 무관하지 않은 듯하다.

1980년 초의 일이다. 자전거·오토바이·자동차 부품을 차례로 생산해온 경창은 사업확장을 위해 자동차 케이블 분야에 대규모 투자를 하기로 결정했다.

일단 대구 중리동에 4,400평의 부지를 확보하고 합작기업을 찾아나섰다. 이 분야에서 세계적인 기업인 일본의 TSK사를 방문해 합작을 요청했다. TSK측은 경창의 기술수준을 점검해본 뒤 합작투자에 흔쾌히 합의했다.

한국측은 공장과 설비를 제공하고 일본측은 자금과 일부 기술을 제공하는 조건이었다. 그러나 5월에 접어들면서 일본측이 슬그머니 등을 돌렸다. 정치적으로 불안하니 합작을 포기할 수밖에 없다며 발뺌을 하기 시작했다.

이미 경창은 확보한 부지에 5개월 동안 대규모 설비를 들여놓은 상태에서 돈과 기술을 투자할 제휴업체를 잃어버린 것이다.

TSK가 일방적으로 등을 돌리자 심각한 위험에 빠진 것이었다. 그러나 이를 악물고 헤쳐나갈 길을 찾기로 했다. 우선 확보해놓은 공장부지 중 1,500평을 떼어내 처분했다.

또 부친인 손기창 회장이 지난 1961년 첫 사업을 시작하면서부터 모아온 개인재산을 모두 팔아 운전자금으로 충당했다. 일본측의 태도에 대해 언젠가는 후회를 하게 만들겠다는 다짐을 거듭했다.

먼저 연구 팀을 만들어 기술개발에 전력을 기울였다. 이어 공정개선과 품질향상에 힘썼다. 손 사장도 창업 2세라는 안락한 자리를 마다하고 사원들과 함께 땀을 흘렸다.

2년이 지나면서부터 차츰 성과가 나타나기 시작했다. 약 80여 가지의 자동차 부품을 일본의 도움을 받지 않고 국산화하는 데 성공한 것이다.

경창은 현재 컨트롤 케이블 · 래치 어셈블리 · 오토 트랜스미션 · 레버 · 와이퍼 등 900여 가지 품목을 생산해 현대자동차 등에 납품하고 있다. 현대자동차의 A급 협력업체로 자리잡은 것이다. 이 밖에 현대정공 · 쌍용자동차 · 대림자동차 · 효성기계 등에도 부품을 납품하고 있다.

1990년대 들어서면서부터 손 사장은 일본 기술의 도입 없이 자립하는 데 멈추지 않고 일본 시장을 쳐들어가기 시작했다. 역습공세에 들어간 것이다.

먼저 자전거 부품시장에서 승부를 걸었다. 중점 진출품목은 캘리퍼 브레이크였다. 이 품목은 당시 일본의 요시가와사와 대만의 중소업체가 일본 시장을 장악하고 있었다.

그러나 경창의 3개 법인 중 하나인 경창정공이 이 시장에 진입하자 대만 기업들은 품질과 가격이 맞지 않는다며 포기해버렸다. 그러나 일본의 요시가와는 자국 시장을 한국 기업에게 내줄 수 없다며 가격을 내려가면서까지 일본 시장을 방어했다.

그러나 덤핑으로 버텨오던 일본의 요시가와사가 경창의 공세에 못 견뎌 지난해 도산하고 말았다. 한국 기업의 공세에 일본 기업이 도산한 것은 흔치 않은 일이다. 일본 기업조차 자국 시장에서 경창에게 패해 도산을 하자 이제 자신감이 생겼다.

더욱 놀라운 것은 합작을 선언한 뒤 정국불안을 이유로 등을 돌렸던 케이블 업체인 TSK사가 잘못을 빌며 다시 합작을 하자고 요청해온 것이다. 그러나 손 사장은 이들의 요청을 단호히 거절했다.

요시가와사의 도산 이후 경창은 일본 자전거 브레이크 시장에서 60%의 점유율을 차지하게 됐다. 현재 경창은 자전거 브레이크 분야에서는 세계 최대 업체로 성장했다. 부품분야에서 일본 기업을 물리치고 세계 최대 업체가 된 것도 매우 드문 일이다.

이런 모든 성과가 어려움을 당할수록 더 강해지는 경창의 기질 덕분이 아닌가 한다.

경창이 해외기업에 기술을 의존하지 않고 독자 기술개발에 힘을 쏟은 데는 미국 챔피언사와의 합작에서 큰 성과를 거두지 못한 데 기인한다.

1988년 일본 기업을 좀더 빨리 따라잡기 위해 미국의 스파크 플러
그 회사인 챔피언사와 합작해 대구 갈산동에 1,500평 규모의 공장을
짓고 경창챔피언 주식회사를 설립했다.

그러나 미국측은 정작 당초에 약속했던 기술을 전혀 제공해주지
않고 미루기에 급급했다. 참다 못해 손 사장은 1991년 12월 챔피언
사와 합작지분을 정리해버렸다.

이어 이 회사를 경창와이퍼 시스템으로 바꾸고 자동차 와이퍼 개
발 및 생산에 온 힘을 쏟았다.

요즘 현대 아반테와 쏘나타Ⅲ 등에 부착되어 있는 와이퍼에는 경
창의 마크가 찍혀 있다. 이 와이퍼는 연간 720만 개가 생산돼 일
본·독일·대만·말레이시아 등 10여 개국에 수출된다.

그는 10여 년 전 비에 젖은 채 트럭 속에서 다짐했던 자신과의 약
속을 드디어 실현한 셈이다. 이제 세계 최고의 자동차 종합부품업체
로 자리잡을 경창의 미래를 기대해본다.

중 소 기 업 인

14

·

장우기계 허병수 사장

신용과 기술이 최고의 재산

부산에 있는 장우기계의 허병수 사장(51세)은 남다른 기업의식을 가지고 있다. 그는 기업경영에서는 돈·공장·설비 등 유형자산보다 무형자산이 더 중요하다고 생각한다.

그가 중시하는 무형자산은 세 가지로 요약된다. 첫째는 신용을 지키는 것, 둘째는 사원들의 결속력, 셋째는 기술개발 의욕이다.

허 사장은 『사업을 하다 보면 돈과 신용 중 어느 한쪽을 선택해야 할 경우가 흔하다』라고 말한다.

오랫동안 신용을 지켜오던 거래처에게서 등을 돌리고 자기의 이익을 취하면 큰 돈을 벌 수 있는 기회가 자주 있었다는 것이다. 기업인으로서는 이 때가 가장 위험한 경우라고 한다. 유혹에 빠져들기 쉽다는 지적이다. 허 사장은 이 경우 현명한 기업인이라면 돈보다 신용을 선택해야 한다고 서슴없이 강조한다.

허 사장이 첫 사업을 시작했을 때인 1983년의 일이다. 당시 부산 신평공단에 자형이 소유하고 있던 섬진공업을 임대해 사업에 나섰으나 주력제품인 가정용 보일러의 판매가 부진했다. 더욱이 건설회사에 주로 납품을 했는데 한결같이 대금을 장기어음으로 결제해주는데다가 받은 어음마저 부도나는 일이 잦았다.

그는 이 공장을 화학기계공장으로 전환했다. 업종을 전환하면서 그는 기업을 경영하는 데 신용이 얼마나 값어치가 있는지를 처음 깨달았다. 그가 섬진공업을 경영하기 전까지 10년 간 근무했던 제일중기에서 영업을 하면서 쌓아놓은 신용이 엄청나게 큰 힘을 발휘한 것이다.

그는 그 동안 영업을 하면서 영업사원들이 즐기는, 이른바 허풍을 결코 치지 않았다. 자신이 감당해낼 수 없는 부탁에 대해서는 분명히 『안 된다』라고 말했고, 정해진 날짜가 되면 반드시 약속을 지켰다. 이미 납품한 기계에 대해서도 애프터서비스를 철저히 했다. 영업사원이었으나 기계공학과를 나와 기술개발업무를 해온 덕분에 고장수리까지 직접 해줄 수 있었다.

이런 그의 성품을 눈여겨본 거래처 사장들이 그가 직접 창업을 했

다는 얘기를 듣자 기계주문을 시작한 것이다. 특히 부산 반여동에 있
는 송원칼라의 박경기 사장은, 허 사장이 영업부 차장으로 있을 당시
그의 성실함을 눈여겨봤다.

박경기 사장은 허 사장이 창업을 하자마자 화학공장에서 사용되는
유동층 건조기를 주문했다.

허 사장은 송원칼라가 색소를 생산할 때 건조하는 3개 공정을 1개
공정으로 줄여 자동화하는 기계를 개발해 납품했다.

이를 계기로 그는 송원칼라와 지금까지 거의 12년 간 계속 거래관
계를 유지해오고 있다.

허 사장의 자형은 엔지니어 출신으로 공장장까지 지냈기 때문에
사업을 하면서 겪는 애로사항을 충분히 의논할 수 있었다. 실제 사업
을 하는 데 가장 중요한 것은 신용이라는 점도 자형으로부터 누누이
들어온 내용이었다. 허 사장은 지금도 자형의 도움을 여전히 고맙게
여긴다. 그러나 허 사장은 섬진공업을 6년 정도 경영해본 뒤 이제 자
형과의 관계를 벗어나 재창업의 길을 선택하기로 마음먹었다. 자신
의 계획을 솔직히 말씀드리자 자형은 한사코 말렸다.

현재의 섬진공업으로도 충분히 사업을 확장할 수 있고 경영도 튼
튼한데 전혀 다른 바탕에서 다시 사업을 시작하는 것은 무리라며 만
류했다. 그러나 허 사장의 결정은 단호했다.

1990년 7월 부산 기장에 700평의 부지를 매입해 공장을 직접 지었
다. 그 동안 모아둔 4억 원의 자금과 은행돈 1억 원 등 총 5억 원으
로 설비투자를 했다. 그러나 이 때부터 그에게 어려움이 따르기 시작
했다.

기업들의 설비투자 위축으로 주문이 끊긴 것이었다. 더욱이 공장

을 짓고 장비를 도입하는 데 돈을 많이 쓰느라 운전자금을 충당할 길이 없었다. 결국 동래에 있는 집을 팔았으나 그래도 돈이 모자랐다. 자형의 도움을 받고 싶었지만 자형의 만류에도 불구하고 독립했기 때문에 도움을 받을 수도 없는 처지였다. 불안하고 초조한 나날이 1년 이상 계속됐다. 1992년에 접어들자 그는 결단을 내렸다.

이제 사장이 아니라 다시 영업사원으로 되돌아가기로 결정했다. 명함에 대표이사 대신 영업부장이라고 새기고 신규시장을 찾아나섰다. 『결코 비관적으로 생각하지 않고 열심히 뛰었다』라며 허 사장은 당시를 술회한다. 아무리 작은 기계라도 주문을 받았다고 한다.

덕분에 조선내화로부터 특수내화 물류이송 시스템을 수주받았다. 송원산업으로부터는 염료건조기를 주문받기도 했다.

이런 어려움 속에서도 허 사장은 신용을 저버리는 일은 절대 하지 않았다. 돈이 되지 않는 애프터서비스일지라도 밤샘을 해가면서까지 서슴지 않고 맡아주었다.

이 같은 그의 철저한 신용이 업계에 알려지면서 한국유리 등 대기업들의 주문이 밀리기 시작했다. 주문이 밀려들자 공장을 확장시켜야 했다. 1996년 700평이던 공장을 2,400평으로 크게 늘렸다. 이제 장우기계는 화학기계 분야에서 선두업체로 떠올랐다.

1996년 건조기 업체로서는 국내 최초로 기업연구소를 설립했다. 이 회사 1층에 있는 기업연구소에 들어서면 다섯 명의 연구원들이 기계 및 화학분야 연구에 몰두하는 모습을 볼 수 있다.

허 사장 자신도 업무시간 중 절반은 이 연구소에서 기계 개발 및 연구를 하면서 보낸다. 덕분에 한국기계연구소로부터 유망선진기술 기업으로 선정됐으며, 한국기계연구소와 공동으로 폐수 슬러지 소각

장치를 개발하기도 했다.

특히 과학기술처의 G7프로젝트에도 참여해 신기술을 개발해냈다. 부산대학·수산대학과도 공동연구를 추진 중이다. 해양대학과는 농림수산부의 개발과제인 고추와 마늘을 진공으로 말리는 기계를 개발 중이기도 하다.

중소기업으로서는 보기 드물게 각종 기술을 보유하고 있으며, 이에 만족하지 않고 기술을 개발하고 있다. 중소기업으로서는 급여수준도 높은 편이다. 사원 수련대회에는 사원 가족을 동반하도록 한다. 사원 부부모임도 자주 연다. 덕분에 사내 분위기가 좋아 이직하는 사원이 거의 없는 것도 자랑거리다. 무엇보다 이 회사는 아직까지 거래관계를 맺은 업체에게서 등을 돌린 적이 단 한번도 없다.

장우기계의 가장 귀중한 자산은 신용과 기술이라는 점이 증명된 셈이다. 무형자산이 유형자산보다 낫다는 허 사장의 기업철학이 더 큰 결실을 맺기를 바란다.

중 소 기 업 인

15

·

한국하우톤 김광순 회장

부별 독립예산, 세계적인 이색경영

중소기업가들은 자신이 다져놓은 시장에 대기업들이 뛰어드는 걸 몹시 두려워한다. 대기업의 자금력과 대항하기는 어렵기 때문이다. 어묵·고무부품·장류·전자부품 등의 분야에 대기업이 참여하는 바람에 시장을 잃고 우왕좌왕하다 쓰러진 중소기업들이 수없이 많다.

그러나 대기업의 시장침투를 전혀 두려워하지 않는 중소기업인이 있다. 여의도 제일증권 빌딩에 있는 한국하우톤의 김광순 회장(56세)이 바로 그런 사람이다.

김 회장이 대기업 참여를 겁내지 않는 이유는 한국하우톤에서 생산하는 제품이 너무나 독특한 특징을 지녔기 때문이다. 주요생산품은 금속가공유 및 산업용 윤활유다. 이 회사가 만드는 품목은 모두 1,450가지다. 아마 한국하우톤은 단일 회사로서 가장 많은 품목의 제품을 생산하는 업체일 것이다.

더욱 놀라운 것은 이 회사의 제품생산에 필요한 원료의 가짓수다. 이것 역시 1,400여 개에 이른다. 더욱이 드리에타놀아민 우지 등 원료는 각각 다른 곳에서 구해야 한다.

현재 온산과 부평, 남동 등 세 곳에 공장이 있지만 어느 공장에서든 매일 다른 제품을 생산한다. 양산화체제로 만들어지는 제품은 단

한 가지도 없다. 소량다품종체제의 대표적인 사례다.

따라서 이 분야에서 대기업이 발붙이기는 정말 힘들다. 자금력만으로는 1,400여 가지의 원료 및 제품을 관리해낼 수 없어서다. 실제 국내 2개 그룹기업이 이 분야에 진출했다가 완전히 실패한 채 철수하기도 했다. 대규모 자금투자로는 본전 찾기가 힘들었던 것이다. 인력이 너무 많이 소요되고 마진도 형편없으니 당연한 결과였다.

이같이 척박한 시장에서 한국하우톤은 어떻게 성장을 거듭하고 있을까? 이 특수윤활유 분야에서는 50억 원 이상의 매출을 올릴 수는 없다는 것이 업계의 일반적인 견해인데도 말이다. 그러나 이렇게 많은 제품을 만들면서도 1996년에는 매출 800억 원을 올렸으며, 내년에는 1,000억 원을 목표로 삼았다.

수출실적도 200억 원에 이르렀으며, 이윤이 박하기로 이름난

이 분야에서 35억 원의 당기순이익도 올렸다. 어떻게 이것이 가능했을까?

수수께끼를 풀기 위해 김 회장의 경영방식을 여러 측면에서 살펴봤다. 첫째, 그는 우리나라 일반 중소기업과는 전혀 다른 경영조직을 마련했다.

회사 안에 소회사를 두는 독특한 전략을 폈다. 현재 한국하우톤 안에는 일곱 개의 소회사가 있다. 소회사는 15~20명으로 구성되어 있다. 보통 기업의 부 단위를 회사급으로 쪼갠 것이다. 이 소회사를 맡는 책임자는 부장급이다.

각 소회사별로 별도의 예산을 편성하고 상여금도 실적에 따라 각기 다르게 지급된다. 이 회사의 소회사제도는, 본사가 있고 일부 사업부를 독립경영체제로 하는 소사장제와는 완전히 다른 독특한 경영기법이다.

김 회장이 이런 소회사제를 도입하게 된 것은 『기업이란 경쟁력을 확보하지 않으면 도태한다』라는 판단에서였다. 이 제도를 택하고부터 소회사 간의 경쟁이 치열해져 회사 전체의 경쟁이 크게 높아졌다는 것이다.

이 소회사제는 합작회사인 미국 하우톤사에도 도입돼 화제가 되고 있다. 미국의 하우톤사는 125년의 역사를 지닌 다국적기업이다. 그들 나름대로 경영 노하우가 있을 텐데도 김 회장이 개발한 제도를 도입함으로써 요즘 큰 성과를 거두고 있다는 것이다.

김 회장의 이 같은 경영기법 개발은 그의 경륜에서 나온 듯하다. 그가 이 특수윤활유 분야에 뛰어든 것은 지금부터 28년 전인 지난 1967년 10월이다.

그는 우리나라에서 이 분야에 가장 오랫동안 종사해온 기업인이다. 그러나 그가 윤활유사업으로 요즘처럼 항상 재미를 본 것은 결코 아니다.

1967년 서울 대한극장 앞 일흥빌딩에 사무실을 차리고 직원 세 명으로 산업용 윤활유 업체를 시작했다. 당시만 해도 자동차공업과 기계공업이 성장하지 않은 터라 특수윤활유의 수요는 극히 적었다.

1년 간 한국베어링과 기아산업에 공급한 물량이 7드럼에 불과했다. 두 달에 1드럼의 윤활유를 팔아서는 한 사람 입에 풀칠하기도 힘들었다. 결국 2년 만에 문을 닫기로 결정했다. 윤활유 업체를 폐업하기로 결정했을 때 그는 남달리 비감함을 느꼈다. 그에게 윤활유사업은 첫 사업이 아니었기 때문이다. 이미 세 번째 문을 닫는 사업이었던 것이다.

그는 경기중·고를 나와 공군사관학교를 졸업한 파일럿 출신으로서 첫 사업으로 헬리콥터 운송업을 택했다. 그는 언제나 하늘을 날고 싶은 욕망을 버리지 못했다. 어떤 직업이든 하늘과 관계되는 분야를 선택하고 싶었다. 고등학교 친구 여섯 명과 친인척들로부터 1구좌에 200만 원씩을 거둬 주식회사를 만들었다. 이 돈을 밑천으로 프랑스의 수다비종사와 헬리콥터 도입계약을 맺었다.

그러나 막 사업을 개시할 무렵 경주 상공에서 국회의원을 포함한 승객이 탑승한 비행기가 추락하는 사고가 일어났다. 이 바람에 자본 참여를 했던 사람들이 만약 헬리콥터가 사고를 내면 어떻게 하겠느냐며 모두 돈을 돌려줄 것을 요구했다.

그는 당시만 해도 보험에 대한 상식이 없어 이들의 요구에 대항할 길이 없었다. 모처럼 아이디어를 내어 설립한 항공회사가 하루 아침에 물거품이 되고 말았다. 계속 하늘을 날겠다는 꿈은 사라졌다. 그는 이번엔 하늘을 포기하고 벽지와 샹들리에를 수입하는 회사를 차렸다.

특히 그 동안 알고 지내던 프랑스의 젠발사가 기술을 제공하겠다는 제의를 해와 수도권 지역에 공장을 물색하러 다녔다. 그러나 공장을 물색하러 다니던 중 윤활유 수입에 참여하는 바람에 벽지 공장계획도 기회를 잃고 만 것이다.

그렇게 고등학교 시절부터 꿈을 키워왔던 항공사업마저 포기하고 윤활유사업을 시작한 것인데, 이것마저 문을 닫아야 한다는 생각을 하니 아득하기만 했다. 그가 임대료를 낼 여력도 없어 1주일 뒤에 폐업을 하리라고 마음먹었을 때 느닷없이 현대자동차로부터 산업용 윤활유 주문이 들어왔다.

이 때 현대자동차가 주문한 것은 사업을 시작한 이후 계속 생산해 온 재고를 하루 아침에 소진할 수 있을 만큼 엄청난 물량이었다.

이 때부터 그는 더 이상 하늘을 나는 일에 신경 쓰지 않고 오직 특수윤활유 분야에서만 사업을 펴나가기로 마음먹었다. 사실 특수윤활유 분야는 한번 발을 들여놓으면 다시 빠져나가기가 힘든 업종이기도 하다. 자금회전 기간이 지나치게 길기 때문이다. 원료를 수입해오는 데 5개월 정도 돈이 묶이는데다 판매를 하고도 3개월 정도 외상으로 판매하기 때문이다. 외상이 많아 다른 사업으로 쉽게 전환할 수 없다는 얘기다.

따라서 대기업도 모두 빈손으로 떠났던 것이다. 결국 대기업이 손을 떼자 영세업체들이 너무 많이 뛰어들어 이전구투를 벌이는 중이다. 현재 이 분야에 참여하고 있는 중소기업은 모두 42개 사에 이른다. 과당경쟁이 갈수록 치열한 양상으로 전개되고 있다.

그럼에도 불구하고 하우톤은 김 회장의 독특한 경영전략에 힘입어 전체 시장의 약 47%를 점유한다. 제품의 종류만큼 납품처도 다양해 현대·기아·쌍용 등 국내 전 자동차 업체와 포철·동부제강 등 철강업체, 삼성전자 등 전자업체를 비롯해 방위산업체로도 납품하고 있다.

우지를 활용해 개발한 생분해성 작동유는 이 분야에서 국내 최초로 환경마크를 얻기도 했다. 열처리유·절삭유·기계유 등에 대한 기술을 개발해 중국·일본·인도 등에서도 품질을 인정받고 있다.

김 회장은 이 모든 것이 그가 하늘을 포기하고 윤활유에 전념한 대가라고 생각한다.

16

우석전자시스템 이석우 사장

이제 핸드폰이 잘 들리죠

GR형 복합식 수신기. 일반인들에겐 상당히 생소한 전자부품의 이름이다. 이 부품은 빌딩의 반도체식 스프링클러나 가스누설 경보기 등 화재경보 시스템 설치에 활용되는 핵심 제품이다.

우석전자는 최근 이 제품을 자체 기술로 개발해 소방검정공사로부터 형식승인을 얻었다. 우석전자가 자력으로 개발에 성공해 형식승인을 얻은 제품은 20여 가지에 이른다. 그러나 수신기 하나를 놓고도 이 회사의 이석우 사장(46세)은 매우 감격스러워한다.

『이 복합식 수신기에는 우리의 피와 땀이 흠뻑 젖어 있습니다. 이 첨단제품을 우리 힘으로 개발해낸 데 대해 무한한 자부심을 느낍니다.』사실 이석우 사장은 너무나 차분한 성격의 기업인이다. 그는 결코 들뜨거나 과욕을 부리는 기업인이 아니다. 스스로도 차근차근히 일을 전개해나가면서 큰 무리수를 두지 않는 것이 중소기업인의 기본이라고 강조할 정도다.

수주를 많이 받는 데 기뻐하기보다 성실하게 신뢰도를 구축해나가는 것이 장기적으로 가장 성공하는 길이라고 스스럼없이 답변한다. 그런데도 새로 개발한 작은 제품 하나에 이렇게 기뻐하는 것은 제조업 살림을 꾸려가는 사람이라면 누구나 이해할 수 있는 일일른지도

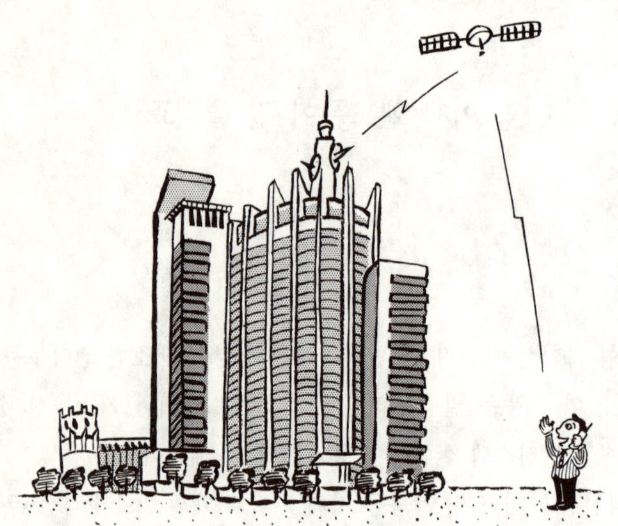

모른다.

중소제조업체 처지로서는 신제품을 개발하려면 그만큼 많은 자금과 시간뿐만 아니라 「피와 땀」이 필요하기 때문이다. 또한 피와 땀을 쏟고서도 실패하는 경우가 허다해서다.

이석우 사장은 여느 기업인들과 달리 처음부터 제조업으로 시작한 기업인이다. 따라서 제품개발에 대한 열의가 남다르다. 이 사장은 대학을 졸업한 1977년 현대건설에 입사해 10년 간 전기부문에서 일했었다. 이 기간 동안 김포공항을 비롯해 계동 현대 사옥·정동 문화방송 빌딩 등을 짓는 데 일해왔다.

그러던 그가 1987년 창업을 하면서 곧장 화재경보기 분야에 뛰어든 것이다. 그는 퇴직금과 모아둔 돈으로 시흥시 신천동에 200평 공장부지를 사서 직접 공장을 지었다. 150평짜리 슬래브 철근 건물이었다. 다섯 명의 직원으로 시작한 이 공장은 성실하게 일한 결과 「차근히」 성장해갔다. 화재경보 시설은 알고 보면 무선통신설비와 매우 관련이 깊었다.

이 회사가 도약의 기회를 잡은 것은 화재경보 시스템에서 활용되는 무선통신기술을 이용해 이동통신 구내설비 분야에 진출하면서부터였다. 얼마 전까지만 해도 대형 빌딩 지하주차장이나 지하상가, 지하철역 등에서는 핸드폰과 삐삐를 사용할 수 없었다. 그러나 요즘은 대부분의 지하 장소에서도 이들 이동통신의 활용이 가능하다.

우석전자시스템은 1992년부터 이처럼 지하 장소 등에서도 이동통신의 이용이 가능토록 하는 누설동축 케이블 등 이동통신 내부종합 시스템을 생산하기 시작한 것이다.

삐삐와 핸드폰의 사용이 증가하면서 이 분야의 수요가 급격히 늘어 우석은 도약의 발판을 굳혔다.

이 사장이 송수신 분야에 관심을 갖기 시작한 것은 고등학교를 다닐 때부터다. 당시 개인통신인 햄에 가입하면서부터 이 분야에 대한 열정이 시작됐다. 햄 장비 하나로 지구의 반대편인 아르헨티나 사람들과 통화를 할 수 있다는 매력에 이끌려 언젠가는 무선통신 분야에서 일해보기로 마음먹어오던 터였다.

이동통신용 무선중계 시스템 설비생산에 참여하면서 이 사장은 더욱 열심히 뛰었다. 일반적으로 기업의 사장이라면 운전기사가 딸려 있는 고급 승용차를 타고 다니게 마련이다. 이 사장도 고급 승용차를 타고 나타나긴 마찬가지다. 그러나 이 사장에게는 운전기사가 없다. 항상 그의 차 바퀴에는 흙먼지가 잔뜩 묻어 있다.

세차를 좀 하시라고 핀잔을 주면 자주 세차를 하는데도 건설공사장을 찾아다니다 보니 금방 먼지가 묻는다며 겸연쩍어한다.

그만큼 바삐 움직인다. 사장이 바쁘게 사람을 만나러 다니는 것을 보고, 주변에서는 『이젠 영업은 직원들에게 맡기고 관리만 하라』는 충고를 듣는다.

그러나 그는 사장이 게으르면 회사가 경쟁력을 잃게 된다고 답변한다. 1993년 이런 부지런함과 무선통신 분야의 진출을 바탕으로 우석전자시스템은 서울 양재동에 우석빌딩을 신축하고 공장도 두 배로 증설했다.

우석의 이동통신 무선중계 시스템은 업계에서 신뢰도가 높아 일산과 구파발 간의 지하철에 케이블을 설치하는 공사를 했고, 현대 중앙병원 빌딩 등 서울시내 많은 대형 빌딩에 이 시스템을 생산·설치했다. 설치 후 성능도 인정받았음은 물론이다.

현재 한국경제신문사 신축 빌딩을 비롯해 현대 마북리 연구소, 신축 대형 백화점과도 이 설비의 설치계약을 맺고 있다.

이 사장은 『기업의 성과란 땀 흘린 만큼 돌아오는 것이며, 그 이상도 그 이하도 아니다』라고 강조한다. 따라서 국내 건설시장의 개방에 대처하기 위해서는 건설관련 내장장비의 경쟁력 확보가 절대적인 과제라고 강조한다. 땀 흘려 기술을 개발하지 않는 기업은 도태될 수밖에 없다는 지적이다.

이러한 경쟁력 확보를 위해 우석전자는 GR형 복합수신기 이외에도 광역누설동축 케이블을 비롯해 무선접속단자함·종합중계기 등에 대한 기술향상에 주력하고 있다.

일반 전자회사는 제품만 생산해 납품하면 일이 끝난다. 그러나 우석의 경우는 빌딩이나 지하철 내에까지 설치를 완료해주어야 한다.

때문에 정성과 애프터서비스가 최우선 과제다. 땀 흘리는 작업 없이는 아무것도 이룰 수 없는 독특한 분야다. 그렇지만 이 사장은 이런 일을 기꺼이 받아들인다. 이런 자세로 미루어 생각해보건대, 이 사장은 앞으로 이동통신 구내설비에만 집착하지는 않을 듯 보인다.

앞으로의 장기계획을 묻자 우주통신과 관련된 보조설비에 참여할 계획이라고 털어놓는다. 이 사장처럼 열심히 뛰는 기업인에게 이 같은 목표는 한낱 계획으로만 끝나지는 않을 것 같다.

그는 기업이 성장을 지속하고 있지만 경영조직 자체를 관료화하는 데는 반대의사를 분명히 밝힌다. 실제 이 회사에는 부사장 제도가 없다. 전무도 없고, 물론 상무도 없다. 이사는 공장에 한 사람뿐이다. 실질적으로 사장 다음으로는 부장이다. 이석우 사장은 앞으로도 이러한 경영조직을 견지할 방침이다.

이런 조직을 운영하는 까닭은 아랫사람을 믿지 못해서가 아니란다. 결재 절차가 간편해 일을 신속하게 효율적으로 처리할 수 있기 때문이라고 한다.

이 사장의 차분하고 성실한 경영신조가 여실히 반영된 조직이 아닌가 생각한다.

17

수산그룹 박주탁 회장

지구를 여덟 개 끈으로 묶는다

수산그룹이 최근 무선통신 장비분야에 새로 참여했다. 이는 수산이 그룹화를 선언한 뒤 나온 방안이었다. 통신 시스템 장비업체인 IDM을 설립하고 충남 천안에 무선통신 시스템 생산공장을 건설해 다지점통신 시스템(LMCS) 및 관련부품을 본격 생산하기로 결정했다.

수산그룹과 주식회사 석천 및 캐나다 TRI마이크로웨이브와 3자 합작으로 설립된 IDM은 동남 아시아 지역에서 밀려드는 LMCS의 주문을 받느라 여념이 없다.

IDM은 연매출을 우선 300억 원으로 잡고 생산제품의 70% 이상을 중국·말레이시아·인도네시아·태국 등에 중점 수출할 계획이다.

이 회사가 생산할 LMCS는 원하는 시간에 원하는 정보의 수신이 가능하고, 유선에 비해 내구성과 설치비가 저렴해 앞으로 수요가 폭증할 전망이다. 이에 따라 오는 2000년까지 매출을 2,000억 원으로 높일 방침이다.

IDM은 수산이 50.9%를 출자했고 석천이 30.1%, 캐나다의 TRI마이크로웨이브 테크놀로지가 19%를 출자했다.

건설용 특장장비를 주로 생산해온 이 회사가 드디어 첨단 통신분야의 진출에도 성공을 거둔 셈이다. 이에 따라 수산은 8개 계열사와

해외 8개 현지법인을 8개 기업군으로 나누어 2000년대에는 대기업 그룹으로 도약한다는 장기계획을 마련했다. 현재 수산그룹에 속하는 국내회사로는 수산중공업, 수산무역, 수산특장, 수산정밀, 수산정공, 수산섬유기계, 수산스타 등이 있다.

수산그룹은 유압 브레이크에서 중장비, 섬유기계, 철도차량, 컴퓨터 횡편기 등 다양한 아이템을 생산 중에 있다.

해외에서는 국내 이상으로 발빠른 확장이 이뤄지고 있다. 국내 업체로서는 처음으로 해외에 조선소를 건설 중이다. 사업다각화와 경영 글로벌화를 위해 올해 안에 중국 장쑤성(江蘇省) 퉁저우(通州)시에 조선소를 설립할 계획이다.

수산이 조선사업에 진출키로 한 것은 수산정공에서 철도차량 분야에 진출하면서 익힌 운송장비 분야의 노하우를 바탕으로 운송장비

사업군을 형성하기 위한 것이다. 이를 위해 수산은 장쑤성에 이미 63만 m²의 조선소 부지를 확보했다.

수산은 1단계로 수리조선이 가능한 조선소를 오는 12월 말까지 완공하고 앞으로 신조선에도 참여한다는 방안이다.

특히 이 회사는 조선분야의 사업확대를 위해 중국 이외에 동남 아시아 지역에도 신조선 및 수리조선소를 신설키로 하고 부지를 물색 중이다.

수산은 이 사업추진을 위해 수산조선유한공사라는 현지법인을 새로 만들고 연간 1,000억 원의 매출을 목표로 잡았다.

앞으로 수산조선과 철도차량을 만드는 수산정공 등 3개 회사를 운송장비 사업군으로 형성시켜 총매출 3,000억 원 규모의 사업군으로 키우겠다는 야심이다.

철도차량 사업도 계속 확장 중이다. 충남 아산에 있는 3만 5,000평 규모의 특장차 공장부지 안에 5,000평 규모의 철차 생산공장을 세우고 철도차량 중 화물운송차량을 생산 중이다. 이 회사가 생산하는 화물철도차량은 컨테이너 화차·유조화차·시멘트 화차 등 10여 종류에 이른다.

최근 도로교통의 체증으로 철도를 이용한 화물운송의 증가에 힘입어 철도화차의 수요가 늘어나고 있으며 수출부문에서도 호조가 예상된다.

현재 국내 철도화물차량 시장은 연간 약 1,000억 원 규모에 불과하지만, 앞으로는 사유(私有) 화차의 증가 및 철도청 노후차량의 개체 등으로 시장규모는 매년 확대될 것으로 예상된다.

또한 대호건설을 인수하면서 건설부문에서도 매출이 급격히 늘어나고 있다. 수산중공업은 1984년에 설립된 회사이지만 오는 2000년대엔 20대 그룹에 진출하겠다는 목표를 세워놓고 있다. 수산그룹의 성장은 이처럼 열거하기 힘들 만큼 연속적으로 이뤄지고 있다.

이 같은 성장저력은 도대체 어디에서 비롯된 것인가? 이는 당연히 이 그룹의 창업자인 박주탁 회장(46세)의 경영 스타일에서 시작된다고 봐야 할 것이다.

박 회장은 1973년 서울대 무역학과를 졸업한 뒤 상영산업이란 가발수출회사에 근무했다. 그러나 이 회사의 경영악화로 2년 반 만에 일자리를 잃고 말았다. 가진 돈이 많지 않은 그는 일자리를 찾아 나섰다. 한 달 정도 청계천 상가를 찾아다니다가 그 곳에서 우연히 공구상을 하는 고향 친구를 만났다. 다방에 들어가 그 친구와 이런저런 애기를 나누었다. 친구에게 장사를 해보고 싶다는 애기를 하자 친구는 좋은 대학을 나와 무슨 장사라며 말렸다.

그 후도 그 친구와 두어 번 더 만났는데, 그 친구는 공구를 좀 수입해주지 않겠느냐고 제안했다.

박 회장은 그 때서야 무릎을 쳤다. 「공구 수입은 큰 밑천 없이도 사업을 시작할 수 있는 방안이 아닌가?」 그는 청계천에 조그만 오퍼상을 차렸다. 일본 및 독일 등에서 베어링과 공구를 수입해 청계천 일대에 공급했다. 그런데 예상외로 잘 팔려 40~60%의 이익을 봤다. 이 돈으로 두 달 뒤 차린 회사가 바로 수산무역상사다. 수산이란 이름은 박회장이 태어난 경남 남해군 창선면 수산리의 수산을 따서 지었다.

그는 수산무역을 경영하면서 당시 국내 시장의 90% 이상을 점유하던 일본 북월공업의 국내 대리점을 맡아 꾸려나갔다. 이어 일본 고

하사의 유압브레이크에 눈을 돌려 이를 수입판매하는 사업을 대대적으로 전개했다.

그는 이 때부터 중장비에 관심을 가지게 됐다. 이 과정에서 애프터서비스를 하다 기술적인 문제에 자주 부딪치자 직접 제조업에 참여하기로 결심한다.

1984년 박 회장은 자본금 1,250만 원으로 경기 화성에 수산중공업을 세우고 제조업으로 승부를 걸었다. 유압 브레이크 제조기술을 국산화하면서 성공대열에 오른 박 회장은 트럭 크레인 사업, 특장차 사업에도 손을 댔다. 1980년대 후반까지 이들 사업은 큰 무리없이 잘 진행되었다.

그러나 1990년대에 접어들자 특장차 부문에서 과당경쟁이 일어나면서 경쟁업체들과 피나는 싸움이 시작됐다.

특장차 부문을 놓고 수산중공업과 광림기계가 벌인 경쟁은 아직도 업계에서 일화로 남아 있다. 이 싸움에서 박주탁 회장의 결단력은 단연 돋보였다. 박 회장은 두 회사 간의 경쟁을 기업 간 선의의 경쟁으로 해석했다.

기업 간 경쟁에서는 이기는 것이 선(善)이라는 자세를 분명히 했다. 많은 경쟁입찰 등에서 처음에는 수산이 밀렸다.

그러나 그는 「기술이 있어야 산다」는 신념 하나로 기술개발에 과감히 투자했다. 마케팅에서도 끝까지 포기하지 않고 성의를 다하는 방식을 고수했다. 박 회장을 처음 만난 것은 9년 전의 일이다. 첫인상이 도저히 기업인같아 보이지 않았다. 대학에서 강의나 하는 선비형으로 비쳐질 만큼 소탈했다.

그러나 그 뒤 무수히 벌어지는 기업경쟁에서 계속 이겨나가는 그의 모습을 보고는 외유내강형의 기업인 근성을 가졌음을 실감했다. 그의 성격이 곧바로 수산그룹의 기업풍토가 되어가는 느낌이 든다. 겉보기에는 온화해보이지만 경쟁에 부딪칠 때면 그는 예상 외로 강해진다.

특히 내부적으로 끊임없는 노력을 촉구한다. 덕분에 속이 알찬 기업으로 성장하고 있는 것이다.

수산그룹은 앞으로 가상대학(cyber university) 개설 등 무선통신 서비스 사업에도 적극 진출할 계획이다. 첫 단계로 인터넷 사업확보를 위해 미국 뉴욕에 있는 벤처 기업인 ECI사에 20% 지분을 출자했다. 계열사인 IDM이 ECI에 대규모 출자를 한 것은 미국의 인터넷 서비스 시장에 진출한 뒤 국내에서 가상대학 사업을 전개하기 위해서다. 어제의 성공에 안주하지 않고 첨단사업 분야에서도 글로벌화를 끊임없이 추구하는 수산의 웅대한 모습을 그려본다.

18

태창금속 이선용 사장

국내 기업계 이끌 숨은 리더

드디어 돈을 받으러 가는 날이 왔다. 이선용 태창금속 사장은 새벽 4시 30분 도시락을 챙겨 자가용 지프를 타고 전방으로 향했다. 1981년 말 전방 군부대에 막사개선 및 온풍기 공사를 해주고 4,000만 원의 대금을 타러 나서는 길이었다.

그러나 막상 대금지급처인 철원군 농협에 도착해보니 놀라지 않을 수 없었다. 농협에서 공사대금 4,100만 원 전액을 1,000원 권으로 내놓는 게 아닌가. 당시만 해도 1만 원짜리가 귀해 시골농협에서는 그만한 금액을 구할 수 없는 처지였다. 이런 사정을 몰랐던 이 사장은 부랴부랴 인근 농가에서 빈 종이포대를 구해 1,000원짜리 마흔한 다발을 꽉꽉 눌러 담았다. 무려 여섯 포대였다.

무척 무거웠으나 첫 공사를 현금으로 받은 탓에 기분은 날아갈 듯했다. 지프 뒷좌석에 돈보따리를 싣고 휘파람을 불며 차를 몰았다. 더욱 상쾌한 것은 며칠 전 양구·연천·전곡 등 전방지역 17개 사단의 막사개선 공사를 대부분 따냈기 때문이었다.

비포장도로를 달리자 돈보따리가 터져 돈이 날리기도 했다. 아무리 일찍 나서도 전방에서 수금을 해오면 은행이 문을 닫은 뒤여서 돈보따리를 서울 미아리에 있는 집 안방에다 두고 돈에 파묻혀 잠을 자

야 했다.

이렇게 1,000원짜리 돈보따리를 나르는 일이 3년 간 계속됐다. 저녁 늦게 제일은행 지점에 입금을 하는 날이면 여직원들이 돈을 세느라 퇴근을 못해 미안할 때가 많았다.

그러나 어느 하루도 돈포대가 무겁게 느껴진 적은 없었다. 장사가 잘 됐기 때문일 것이다. 그러나 이처럼 돈포대에 걸터앉아 땀을 닦는 즐거움이 어느 날 이후 갑자기 무너지기 시작했다.

첫 징조가 나타난 것은 1984년 9월1일이었다. 판유리를 싣고 부대 막사 신축을 위해 화천으로 가던 11t 트럭이 화천 고개에서 굴러버렸다. 홍수가 져 길이 미끄러운 탓이었다.

이 홍수는 1주일 간 계속됐다. 이 바람에 조경사업을 위해 청평댐 아래 심어둔 회양목 200만 그루가 물에 떠내려갔다. 30년 간 물에 잠긴 적이 없는 지역에 심어놓은 나무가 잠겨버린 것이다.

물이 빠진 뒤 새벽부터 현장에 달려가 보았지만 푸르던 수목원은 질펀한 모래사장으로 변한 뒤였다.

사고는 여기에서 그치지 않았다. 이 사장은 『당시엔 머피의 법칙과 도미노 이론이 겹친 상황이었다』라고 술회한다.

홍수의 상처가 채 아물기도 전 건자재를 납품받아간 업체가 부도를 냈다. 충북 충주에 시장상가 복합빌딩을 짓는 남운건설에 건자재를 납품했는데, 상가분양이 안 되자 부도를 내고 만 것이다. 이 때부터 자금줄이 막히기 시작했다.

이런 시기에 다시 엄청난 사건이 터졌다. 인천에 아파트 관리업체를 설립하면서 동료에게 지사를 맡겨놓았는데, 그가 본사 몰래 철근장사를 하면서 부도를 내고 만 것이다. 인천 지사에서 발행한 어음에 배서를 한 것이 실수였다.

자고 나면 터지는 사고로 3억 원에 달하는 부도수표만 걸머쥐게 됐다. 갑자기 떠안게 된 3억 원의 빚을 갚아낼 길이 막막했다. 더 이상 사업을 할 의욕까지 사라져갔다. 그러나 일단 빚은 갚아야 한다는 결론을 내렸다. 직접 부도를 내 적색 사업자가 되면 나중에 재기가 거의 불가능하다는 판단에서였다.

그가 사업에서 손을 떼기로 한 것은 1985년 5월이었다. 당시 태창금속 전신인 항진실업은 서울 무교동 김성진 내과 6층 601~603호까지 60평의 사무실을 쓰고 있었다.

그러나 회사가 기울자 임대료를 낼 돈조차 없었다. 사무실을 이 건물 13층 옥상에 있는 천막으로 이전했다. 이 사장은 옥상으로 쫓겨가던 날을 아직도 잊지 못한다. 직원들은 뿔뿔이 흩어지고 그를 따르던 몇몇 직원만 남아 책상과 캐비닛을 등에 지고 옮겼다.

그 동안 돈자루를 옮기느라 단련된 어깨를 가진 이 사장이었지만 회전의자 하나를 옮기는 데도 식은땀이 쏟아져 몇 번이나 이마를 훔쳐야 했다.

대부분의 기업인들은 사업을 청산하기로 마음먹으면 빚 갚는 일보다 앞으로의 생활비를 챙기는 데 힘을 쏟는다. 그러나 그는 빚을 갚는 일은 사업 이상으로 중요한 것이라는 신념으로 빚 갚는 일에 열중했다. 무엇을 하더라도 빚부터 갚은 뒤 새로 시작하기로 마음먹었다. 천막사무실로 이전한 그는 1년 간 군납 일을 계속하며 빚을 갚아 나갔다.

1986년 초 그는 드디어 금호그룹에 6,000만 원의 돈을 갚는 것으로 빚청산을 끝냈다. 이 마지막 빚을 갚고 돌아오는 길에 그는 허탈한 마음을 가눌 길이 없었다. 왠지 눈물이 앞을 가렸다.

1977년 외국어대를 다니다 입대해 제대를 한 뒤 해수욕장 콜라 장사를 시작으로 그 동안 해보지 않은 고생이 없었으나, 지금 자신에게 남은 것은 완벽한 빈손뿐이었다. 콜라 장사로 번 돈으로 부친의 친구로부터 항진실업을 인수해 영등포 지하상가의 물탱크 공사로 사업을 시작할 때만 해도 꿈에 부풀어 있었다.

「이제 나도 기업인이다.」 이런 자부심 하나로 물탱크 공사를 끝내고 에폭시 코팅 공사를 하면서 냄새에 중독돼 몇 번씩 쓰러지면서도 기업을 키워보겠다는 일념으로 열심히 일했다.

생판 모르는 정우건설을 찾아가 공사하청을 주지 않으면 절대 물러나지 않겠다며 1주일 동안 떼를 써서 반월공단의 명화금속 공장건설 하청을 받을 만큼 용기에 차 있었다.

「그러나 지금의 나는 무엇인가. 그렇게 애를 썼으나 빈털털이가 된 지금 다 무슨 소용이 있나….」그는 심한 회오에 시달렸다. 그래도 한가닥 나아진 것이 있었다.

「아, 이젠 자유다」라는 것이었다. 그랬다. 빚쟁이에 시달려보지 않은 사람은 빚쟁이의 설움을 모른다. 부도를 내고「쇠고랑」차는 쪽이 훨씬 편할 것 같다는 생각을 수없이 했다.

이 때 이 사장은 결국 자유를 얻긴 했지만 정말 수중에 단 한 푼도 없는 알거지가 됐다. 집도 회사도 다 날린 상태였다. 한 가지 위안거리가 있다면 2년 전에 사업을 하는 친구에게 빌려준 돈 2,500만 원이었다. 이 사장이 기업을 경영하고 있을 땐 그 돈이 그다지 큰 돈은 아니었다. 그러나 집도 절도 사라진 마당에 단 한 푼이라도 받아내야 생활을 시작할 수 있는 여건이었다. 그 친구도 사업이 어려워 돈을 갚기는 힘든 처지였다.

그는 매일 친구를 찾아가 빚을 갚으라고 다그쳤다. 친구는 지금은 갚을 여력이 없다며 시간을 달라고 매달렸다.

그는 친구로부터 아연도금을 하는 사람에게 2,500만 원 전부를 빌려주었다는 애기를 듣게 되었다. 돈을 받기 위해 친구와 함께 부천시 도당동 반도 스포츠 앞에 있는 그 아연공장을 찾았다.

대원기업이라는 아연도금 공장을 찾아 돈을 갚아줄 것을 거듭 요구했다. 그렇지만 도금공장 사장의 대답은 한결같았다. 지금은 돈이 없다며 계속 회피할 뿐이었다.

솥뚜껑보다 조금 큰 아연로에서 각종 강관류를 도금하고 있는 사장은 『꼭 돈을 받아가고 싶으면 이 공장을 인수해가라』며 버텼다. 막상 공장을 둘러보니 세로 60cm에 가로 4m의 작디작은 용융로가 전

부인 무허가 천막공장이었다. 이 공장으로는 3개월도 안 돼 망할 것 같았다. 이 따위 무허가공장을 인수하라니 턱도 없는 얘기라는 생각만 들었다. 이제 돈 받을 길도 막연했다.

부천 아연공장을 다녀온 뒤 1주일 간 밤잠을 설치며 고심한 끝에 이 사장은 생각을 바꾸었다. 이를 악물었다. 「그래, 사업을 다시 시작해보자. 이게 운명인지도 모른다.」 8일째 되던 날 그는 부천으로 내려가 2,500만 원의 빚 대신 「하꼬방」 공장을 정식으로 인수하는 데 도장을 찍었다.

그로부터 11년이 지난 지금 이 사장이 인수한 도금공장은 태창금속으로 이름을 바꿔 국내 최대의 용융아연 도금업체가 됐다.

이 사장이 지난 10여 년 간 일에 파묻혀 지낸 이야기는 밤을 꼬박 새워도 다 듣기 힘들다.

태창금속은 현재 인천 남동공단 10블록, 17블록, 22블록 등 세 곳에 대형공장을 가지고 있다.

제1공장은 아연용융 도금공장으로 강관 등을 도금해 부산파이프 등 국내 대기업에 납품한다. 이 공장은 완전 전산화된 첨단 설비로 24시간 가동을 해도 밀리는 주문을 감당하기 어렵다. 국내에서 유일한 최신설비를 갖추고 있기 때문에 주문이 늘 밀린다.

고속철도 참여업체인 이 회사는 제2공장에서 첨단 방음벽을 생산한다. 제3공장에서는 도로구조물을 제조한다. 이 사장은 『지난날의 큰 시련을 딛고 일어선 덕분에 3개 공장을 이렇게 첨단공장으로 일궈놓게 되었다』라고 밝힌다.

최근 태창금속은 일본의 알칸닛케이그룹의 NLM사와 고강도 합금 난간 및 차량방호책 등 도로구조물 제조설치에 관한 기술협력 관계를 맺었다.

이번 기술협력관계를 계기로 교량난간을 비롯해 차량방호책·중앙분리대·가드레일 등에 대한 생산과 시공 및 차량충돌 시험 등에 대한 기술을 확보하게 됐다.

특히 태창은 최근 개통한 국내 최초의 닐센 아치교인 서강대교의 교량난간 및 중앙분리대를 시공해 높은 평가를 받았다.

태창금속은 도로구조물을 비롯해 방음벽 등을 설치해줄 때 완벽한 조사 및 진단을 거쳐 보고서를 작성하고 설계·시공에 들어가기로 유명하다.

이 사장은 대규모의 3개 공장을 경영하면서도 중소기업계를 위해 열심히 일한다.

국내 최초로 인천 남동공단에 공업단지 단위의 신용협동조합을 결성해 초대 이사장직을 맡고 있다. 기업들 간에 신용을 스스로 창출할 수 있는 기반을 마련한 것이다.

또 숭실대 중소기업 대학원 동기회장을 맡으면서 중소기업 문제를 학계에 알리는 데도 앞장서고 있다. 직접 학교강의를 맡기도 한다.

이선용 사장이야말로 우리나라 중소기업의 현장을 몸과 마음으로 체득해온 사람이다.

국내 기업계를 이끌 21세기 새 인물로 거듭나는 그의 모습을 그려보는 것은 상상만으로도 즐거운 일이다.

19

신진화학기계 김형재 사장

자신을 낮추니 경영이 술술

　신진화학기계의 김형재 사장(46세)은 항상 스스로를 낮추는 기업인이다. 그는 극히 겸손하다. 바로 이 겸손함이 그를 키워온 원동력이 아닌가 하는 생각이 든다.

　1992년 봄 김 사장은 골프를 처음 배웠다. 기업을 하다 보면 어쩔 수 없이 접대 골프를 쳐야 했다. 그러나 그는 그 전까지 아는 사람들과 필드에 나가본 경험이 없었다.

　우선 실전을 익히기 위해 퍼블릭 골프장을 혼자 찾아나섰다. 올림픽 골프장에서 티 오프를 했다. 처음 해보는 골프가 잘 될 턱이 없었다.

　마침 팀 중 한 사람이 일본인이었는데, 50대 초반인 그는 처음 골프를 치는 김 사장에게 차분히 조언을 해줬다. 김 사장은 그의 조언을 겸손하게 받아들였다. 김 사장은 골프보다 그 일본인의 오만하지 않은 태도에 마음이 끌렸다. 게임이 끝날 무렵 일본인에게 직업을 물어봤다.

　『일본에서 분체기계공장을 하고 있습니다.』 김 사장은 갑자기 귀가 번쩍 띄었다. 그는 기술제휴를 위해 일본의 분체기계공장을 물색 중이었다.

『그래요? 어느 분체기계회사입니까?』

『나라(奈良)기계입니다.』 그는 더욱 놀라고 말았다. 나라기계란 그가 마침 합당한 기술제휴선으로 생각하던 회사 중 하나였다. 「당장에라도 나라기계와 정보교환을 해야 할 판인데, 그 회사직원을 이런 골프장에서 만나다니.」

김 사장은 속으로 좋은 기회를 잡았다고 판단했다. 그런데 그의 명함을 받고 보니, 그는 직원이 아니라 나라기계의 사장이었다. 나라기계라면 약 70년 정도의 역사를 가진 기업인데 그 회사사장이 이렇게 젊은 사람일 줄은 몰랐던 것이다. 나라기계 사장도 김 사장의 공손한 태도에 마음이 끌렸는지 함께 저녁식사를 하자고 제의했다.

그들은 서울 강남에 있는 갈비집 늘봄공원을 찾았다. 저녁식사를 하면서 두 사람은 많은 애기를 나누었는데, 대화를 해보니 서로 뜻이

19. 신진화학기계 김형재 사장

맞음을 알 수 있었다.

　바로 이튿날 나라기계 사장은 인천 남동에 있는 김 사장의 신진화학기계 공장을 방문했다. 겸손한 사람일수록 실제 내면으로는 자신감에 차 있어서 의사를 결정하는 데는 시간이 그다지 걸리지 않는 모양이다.

　나라기계 사장은 첫 방문에서 기술제휴계약을 체결하자고 제안했다. 이어 상호방문 및 공장시찰을 통해 두 달 만에 기술제휴계약이 맺어졌다. 신진화학기계와 나라기계는 지금도 매우 사이 좋은 기술제휴 관계를 맺고 있다.

　나라기계는 신진화학기계에 첨단기술을 제공할 뿐만 아니라, 사원들을 무료로 일본의 나라기계 생산현장에 초청해 기술연수도 시켜주고 있다.

　최근 나라기계 사장은 일본 최고의 화공기계회사인 미쓰비시화공기와 기술제휴를 맺을 수 있도록 주선해주기도 했다.

　이를 보면 김 사장은 골프 한 번 잘 친 덕분에 큰 혜택을 얻게 된 듯이 보인다. 그러나 김 사장을 만나보면 이러한 운이 결코 우연히 이루어진 것은 아니라는 점을 깨닫게 된다. 바로 겸손하게 인간관계를 유지하는 김 사장의 태도가 이런 우연을 필연으로 이끌어냈다는 사실을 알게 된다.

　김 사장이 화학기계공장을 처음 시작한 것은 1986년 3월이다. 그는 7년 간 다니던 기계회사가 부도를 내고 무너지는 바람에 직장생활을 그만두고 창업의 길을 택했다. 기계설계 및 제조분야에서 일해온 그는 전 직장 사원 아홉 명과 함께 공장을 차리기로 했다.

　그러나 공장임대 비용이 모자랐다. 그는 서울 성내동에 한푼 두푼

모아 마련해놓은 단독주택을 담보로 공장설비 자금을 빌렸다.

한일은행으로부터 3,000만 원을 빌려 구로동 공구상가 뒤편에 100평 규모의 공장을 보증금 800만 원에 월세 80만 원으로 임대했다. 이곳에 화학기계 설비를 갖추었다. 33세에 창업한 그로서는 자신감에 차 있었다. 그렇지만 발주처를 확보하는 것이 문제였다. 두 달 간이나 관련업체를 찾아다녔으나 허사였다.

이 위기에서 그를 구해준 건 그 동안 맺어놓은 인간관계였다. 전 직장에서 거래하던 동양화학을 찾아갔다.

그 동안 김 사장이 작업현장에서 열심히 일하는 모습을 봐온 동양화학 발주 팀은 즉시 그에게 화학공장용 압력기기를 발주했다. 화학 공장에 설치될 대형용기인 이 기기를 만드는 데는 3개월이 걸렸다. 그가 주택담보로 빌린 돈으로 3개월을 버티기엔 힘겨운 일이었다. 초기 자금난을 헤쳐나갈 길이 막연했다. 하는 수 없이 친척들을 찾아가 손을 벌렸다.

평소 그의 성품을 잘 아는 친척들이 그를 믿고 무이자로 돈을 빌려주었다. 빌린 얼마간의 운전자금으로 첫번째 기계를 납품했다.

첫번째 기계를 납품한 이후 5년 간은 무리없이 기업을 키워나갔다. 그러나 리액터·열교환기·믹서기 등 대형 정밀화학기계의 주문이 밀려오자 구로동 공장으로서는 감당할 수가 없었다. 김 사장은 애써 적립한 돈으로 인천 남동에 1,800평의 공장부지를 확보했으나, 공장을 지을 자금 여력이 없었다.

발주기계의 용량이 늘어나자 공장을 확장하지 않고서는 더 이상 주문을 받을 수 없는 처지에 이르렀다. 김 사장은 이 때 「일단 일을 벌여놓고 보자」라고 결정을 내렸다.

그는 채 공장건설 자금을 마련하지 못한 상태에서 설계사무소를 찾아가 레이아웃을 건네주며 설계를 부탁했다. 그러자 설계사무소장이 그 레이아웃을 보고 무척 의아해했다.

『이건 공장이 아니라 고급주택 같습니다』라면서 이렇게 돈을 많이 들여 공장을 지을 필요가 있겠느냐고 물었다.

김 사장은 공장은 단순히 물건을 만드는 곳이 아니라 직원들이 생활하는 곳이어야 한다고 대답했다. 설계사무소장은 이렇게 지을 만큼 돈이 있느냐고 되물었다. 김 사장은 솔직히 대답했다.

『아직 돈은 없지만 일단 공장을 짓기 시작하면 누군가는 이 공장을 완공하게 됩니다. 공장은 공장답게 지어야지 내 주머니 사정만 따져서는 나중에 오히려 손해를 봅니다. 돈은 모자라지만 설계비는 염려말고 설계해주십시오.』

막상 말은 자신 있게 했지만 공장 지을 돈을 구하는 일은 막연했다. 그는 은행돈을 빌리는 수밖에 없다는 판단을 내리고 경기은행 동인천 지점을 찾아갔다. 그는 지점장과 이틀 간 만나 공장을 짓게 된 사연을 설명했다. 돈도 없이 공장건설을 시작했다는 얘기에 지점장은 처음엔 실소했다.

그러나 지점장은 겸손하고 강직한 김 사장의 태도에 이끌려 공장건설비를 신용으로 지원해주겠다고 흔쾌히 약속했다.

신진화학기계는 인천 남동공단에 건평 1,000평의 대규모 공장을 완공했다. 이 회사는 여느 공장과 달리 회사 둘레에 많은 나무가 심어져 있고 전반적인 환경 또한 쾌적하다. 공장이라면 으레 어두컴컴한 곳으로 생각하는 일반의 인식을 없앴다.

이 공장에서 생산되는 화학장치기기는 거의 세계적인 수준이다.

리액터를 비롯해 열교환기·증류탑·애지테이터 등은 일본이나 독일 등의 기술진들도 부러워할 정도다. 국내에서는 주식회사 한화를 비롯해 남해화학·동성화학 등이 단골 고객이다.

　김 사장은 이렇게 정성들여 공장을 지었지만 이 공장을 결코 자신의 소유라고 생각하지 않는다. 사장은 기업에 속해 있으며 기업은 언제든지 사장을 바꿀 수 있다고 생각한다. 이런 자기 희생이 없이는 기업을 건전하게 만들 수 없다고 강조한다. 우리나라 중소기업인으로서는 보기 드물게 겸손한 의식을 가진 참기업인의 모습을 그에게서 느꼈다.

중 소 기 업 인

20

·

지주 이국노 사장

기사정(機事政)정신, 중소기협 회장 맡는다

1994년 10월 서울 여의도 중소기업회관 10층 회의실에 중소기업협동조합 이사장을 비롯해 국내에서 중소기업을 대표하는 인사들 200여 명이 한자리에 모였다. 정부측에서도 통산산업부 중소기업 국장을 포함해 중소기업 정책담당 공무원들이 대거 참석했다.

이 날 회의는 새로 제정 또는 개정되는 중소기업관계법을 최종 결정하기 위한 자리였다. 그 동안 업계와 정부는 사업조정법 등을 놓고 팽팽한 대립을 보여왔다. 그러나 업계는 중소기업구매촉진법을 없애는 쪽으로 양보한 상황이었다.

회의가 시작되자 불꽃 같은 논쟁이 시작됐다. 그렇지만 누구 하나 중소기업구매촉진법을 존속시켜야 한다는 주장을 펴는 사람은 없었다. 가장 핵심적인 부문은 제쳐놓고 부차적인 문제를 거론하며 감정대립만 강해졌다. 이 때 프라스틱협동조합 이사장인 주식회사 지주 이국노 사장이 발언권을 얻어 마이크 앞에 섰다.

그는 이 자리에서 단호하게 주장했다.

『지금 논쟁이 잘못 진행되고 있습니다. 다른 법은 다 양보해도 좋지만 구매촉진법만은 결코 없애서는 안 됩니다.』 이국노 이사장은 이 법이 존속해야 하는 필요성을 조목조목 들어가면서 설명했다.

『이 법이 무너지면 협동조합이 무너지고 협동조합이 쓰러지면 중소기업도 설땅이 없어집니다.』그의 발언이 끝나자 회의장의 분위기는 확 바뀌었다. 중소기업구매촉진법 폐지 여부가 핵심과제로 떠오른 것이다.

통산산업부측과 업계가 서로의 견해를 고집하며 4시간이 지나도록 맞서자 이국노 이사장을 포함한 주요인사들이 긴급실무회의를 구성해 정부와 타결을 보았다. 결국 이 날 회의에서 이국노 이사장의 의견이 승리했다. 중소기업구매촉진법을 중소기업진흥법에 포함시켜 존속시키기로 결정한 것이다.

중소기업구매촉진법은 지금도 엄연히 살아서 중소기업협동조합의 공동사업을 지원하고 있다. 이 이사장이 이 법을 지킨 공적에 대해 업계는 요즘도 박수를 보낸다. 중소기업의 공동사업영역을 확보해준 그의 놀라운 직관력을 여전히 높이 평가한다.

이 이사장은 업계에서 돈 키호테로 소문 나 있다. 모든 일에 추진력이 강하고 적극적이라는 데서 붙여진 별명이다.

실제 그는 자신의 기업을 키우는 데도 적극적이지만 동료기업 및 전체 중소기업을 키우는 일에 더 많은 힘을 쏟는다. 특히 부채투성이인 한국프라스틱조합 이사장을 맡아 3년 만에 가장 건실한 협동조합으로 바꾸어놓은 것이 대표적인 성과다.

그가 지난 1993년 프라스틱협동조합 이사장을 처음 맡았을 때 이 조합은 48억 원의 빚더미에 올라 있었다. 그는 이 부채를 해결하기 위해 당시 중소기업 은행장이던 이우영 중소기업 청장에게 면담을 요청했다.

그는 이 청장에게 협동조합에 돈을 빌려주는 것은 많은 중소기업을 골고루 도울 수 있는 최선의 방법이라며 협동조합에 20억 원을 신용대출해달라고 요청했다.

사실 당시에는 규정상 협동조합이 기업은행에서 직접대출을 받을 수 없는 형편이었다.

그럼에도 불구하고 이우영 당시 행장은 예외조건으로 프라스틱조합에 연리 9%로 지원해줄 것을 약속했다.

이를 바탕으로 그는 연 680억 원에 불과하던 공동사업 매출을 3년 만에 340%나 늘어난 2,300억 원으로 키웠다. 그리고 이 공동사업의 수익금으로 빚도 거의 다 갚았다.

그의 이 같은 추진력은 어디서부터 나오는 것인가? 이를 알기 위해서는 그의 기업경영방식부터 살펴봐야 한다.

그가 경영하는 주식회사 지주는 플라스틱 파이프 및 이음관을 생산하는 업체다. 그는 김포에 자리잡은 3,500평 규모의 공장에서 첨단기술의 파이프를 생산하고 이를 각 건설업체 등에 공급하고 있다. 또 충북 음성에 대지 4,300평 규모의 폴리에틸렌관 생산공장을 지어 수도 파이프를 비롯해 전선관 등을 생산하고 있다.

이 이사장이 생산하는 품목은 플라스틱 관련제품이지만 그의 경영기반에는 검도정신이 깃들여 있다. 그는 검도를 기업경영에 적용한 독특한 기업인이다. 이 회사에서는 검도 유단자만이 과장으로 승진할 수 있다.

PE파이프 생산업체인 지주의 김포공장 안에는 「지혼관」이라는 이름의 검도장이 별도로 있다. 그의 검도실력은 6단이다. 한때 검도 국가대표선수로 지내기도 했다. 1991년 세계검도선수권대회에서 3위에 입상한 경력도 이채롭다.

이 회사의 종업원 중 검도 유단자는 전체의 3분의 1을 넘는다. 누구나 근무시간 전후 및 쉬는 시간에 검도장에서 연습을 할 수 있다. 이 이사장 스스로도 사원들과 스스럼없이 대련을 벌인다.

『아마 우리나라에서 사원이 막대기〔竹刀〕로 사장의 머리를 두들겨 팰 수 있는 회사는 지주밖에 없을 겁니다.』이 이사장은 노사 간에 쌓인 스트레스는 검도대련 덕분에 쉽게 풀린다고 설명한다.

이 이사장이 검도의 정신을 기업경영에 적용한 이유는 두 가지가 있다. 첫째는 예의 정신이다. 이 회사는 검도에서 터득한 예의 정신이 투철해 상하·수평·거래기업의 예가 두텁기로 유명하다. 둘째는 수직정신이다. 이것은 검도에서 가장 빠른 시간에 가장 짧은 거리로 공격하는 정신을 뜻한다. 이 수직정신은 이 회사의 상호에서부터 나타난다. 지주(蜘蛛)란 거미의 한자어다. 거미는 수직 또는 직선으로 공격한다. 또 거미에게는 희생과 의리의 정신이 스며 있다고 한다.

이 회사는 이 같은 예의 정신과 수직정신이 매우 투철한 사원에게는 「블랙 스파이더(검은 거미)」란 칭호를 붙여준다. 블랙 스파이더는 5년 이상 근무한 경력자 중 「죽어도 같이 죽고 살아도 같이 살자」는 의리를 가진 사원에게 부여된다. 단, 블랙 스파이더는 전 사원의 추대로 선정된다. 현재 블랙 스파이더는 모두 네 명이다.

블랙 스파이더가 된 사람에겐 상금조로 일단 500만 원 상당의 주식이 분배된다. 블랙·스파이더는 어떠한 잘못이 있어도 회사에서 쫓아낼 수 없다. 언제든 회사를 그만둘 수 있되, 마음대로 회사에 다시 들어올 수도 있다.

블랙 스파이더의 자격 중 일부는 세습된다. 이들의 자식(손자까지 포함)은 아무런 심사 없이 지주에 취직할 수 있다.

네 명의 블랙 스파이더 중 한 명이 회사를 그만두고 독립해 플라스틱 파이프를 취급하는 대리점을 차렸다. 이 이사장은 현재까지도 그에게 사원 이상의 배려를 아끼지 않고 있다.

이처럼 이 이사장은 신뢰와 의리로서 기업을 경영하고 협동조합을 이끈다. 그는 프라스틱협동조합을 맡고 난 이후 부채를 갚는 것 이외에도 엄청나게 많은 일을 했다.

협동조합 업무를 국내에서 처음으로 전산화했다. 약 30억 원을 들여 플라스틱 시험원을 설립해 이사장을 맡아 이 분야의 물성검사 및 표준화 기술개발에 힘쓰고 있다.

또한 프라스틱조합의 단체표준을 설정했으며, 한국플라스틱연구조합을 설립해 공동기술개발에도 앞장서고 있다.

요즘은 한국플라스틱재활용협회 회장직을 맡아 플라스틱을 자원화하는 작업에 몰두하는 한편, 플라스틱은 결코 공해물질이 아님을 국민들에게 알리고 정책을 바꾸는 데 온 힘을 기울이고 있다.

이 이사장은 1992년 3월 서울 영등포에 주식회사 유화수지를 설립해 폴리에틸렌 및 폴리프로필렌 원료를 공급하고 있다. 이어 인천에 주식회사 폴리마란 기업을 새로 만들어 특수 플라스틱 제품을 생산하기 시작했다.

더욱이 최근 김포에 사이몬이란 기업을 설립해 대규모 공장을 짓기도 했다. 이 이사장은 1995년 2월2일 그 동안 프라스틱조합을 잘 이끈 실력을 인정받아 절대적인 지지로 협동조합 이사장에 재선출됐다.

이제 그는 플라스틱 업계의 인물이 아니라 중소기업을 이끌 수 있는 인물로 평가받기 시작했다. 이 이사장은『협동조합 및 중소기협중앙회 업무란 기(機)사(事)정(政)이 삼위일체가 되어야 원활히 돌아갈 수 있다』라고 지적한다. 첫째, 기술지원 업무가 필요하고, 둘째 전문적인 사업지원이 필요하며, 셋째 정책입안을 주도해야 한다라는 것이다.

업계는 그가 기사정 정신으로 전체 중소기업을 일으킬 날을 고대하고 있다. 신임 중소기협중앙회 회장을 맡아 중소기업 보호와 지원에 강력한 리더십을 행사해줄 것을 기대하고 있다.

21
·

한국거울 김중권 사장

51년간 오직 거울만 만들었다

한국거울은 최근 전북 익산에 대규모의 거울공장을 완공했다.

이 거울공장은 대지 8,000평에 건평 2,400평 규모로 연간 200만 ㎡의 고급거울을 생산할 수 있는 능력을 갖추고 있다.

이 공장은 거울공장으로서는 드물게 공정을 완전 자동화했다. 자동화 라인의 길이는 264m에 달한다.

아시아 지역에서는 최대규모다. 세계에서도 다섯 손가락 안에 들어간다.

이 공장은 단순히 규모만 큰 게 아니다. 커튼 코팅 등 첨단공정을 채택해 미세한 흠조차 전혀 없는 최고급 거울을 생산할 수 있다.

8시간에 8,078㎡의 거울을 생산할 수 있어 해외 주문도 즉시 응할 수 있게 됐다.

지금까지는 거울을 포장할 때 유리와 유리 사이에 종이를 끼워 넣어 손상을 방지했으나, 이 회사는 특수 파우더를 활용해 거울을 운송할 때 흠집이 나지 않도록 했다. 이것도 한국거울만의 독특한 기술이다.

이 회사는 하루 50t을 생산할 수 있는 순수(純水)장치도 설치했다. 미국 EDC사로부터 이 리커버리 장치를 도입하여 하루 200t의 오

폐수를 정수할 수 있는 별도 처리장을 세웠다. 이제 거울공장으로서 는 우리나라도 세계적으로 가장 앞선 시스템을 갖춘 셈이다.

일본 거울 제조업체에게 밀리던 한국 거울이 어떻게 이런 성공을 거뒀을까? 그 이면에는 김중권 사장(68세)의 피와 땀이 숨겨져 있다.

김 사장은 무려 51년 간을 거울공장에서 일해온 인물로서 국내 거 울업계의 대표적인 산증인이다. 이 첨단 자동화 공장은 그의 오랜 현 장 경험을 바탕으로 건설된 것이다.

김 사장이 처음 거울업계에 발을 들여놓은 것은 1946년 초의 일이 다. 그는 18세의 나이로 서울 인사동에 있는 삼양제경소에서 유리를 놓고 은을 도장하는 일부터 시작했다.

이 공장은 그의 매형이 운영하던 회사였다. 그는 이 곳에서 밤잠 을 설쳐가며 열심히 일했다. 그는 6·25가 터지자 부산으로 공장을 옮겨 계속 거울 만드는 일을 했다.

그가 유리공장 사장이 된 것은 1955년 초다.

부산에서 삼화유리를 창업한 것이다. 천성이 부지런한 김 사장은 이 때부터 고급거울을 만드는 기술개발에 심혈을 기울였다. 그러나 당시 판유리란 일본의 아사히유리나 니혼초자에서 수입해오는 것이어서 소재가 충분하지 못했다. 그럼에도 은도장기술을 끊임없이 향상시켜 나갔다. 덕분에 꽤 많은 돈을 모은 김 사장은 다시 서울로 공장을 옮겨 확장했다. 종로3가 세운상가에 진화제경이란 간판을 내걸고 하루 500평 규모의 유리를 생산했다.

당시로서는 그 정도 규모로도 만족할 수 있었다. 그러나 1970년대에 들어서자 거울의 수요가 급증했다. 대규모 거울공장이 필요하다는 사실을 절감하게 됐다. 더욱이 서울 시내에 호텔 붐이 일면서 건설업자들이 『국산 유리는 못 쓴다』라며 일본 유리를 수입해 쓰는 일이 다반사였다.

김 사장은 이 때 대규모의 고급거울 공장을 짓기로 결심했다. 그러나 당시에는 그럴 만한 돈이 부족했다. 그는 전국에 흩어져 있는 15개 거울업체를 일일이 찾아다니며 설득했다. 『우리가 돈을 모아 대규모 거울공장을 지읍시다.』 이렇게 설득하여 판유리가공조합을 결성했다. 돈은 모았으나 전북에 공장부지를 사고 나니 공장을 지을 자금이 없었다. 김 사장은 공장건설 비용과 시설도입비를 구하느라 많은 고생을 했다. 정부에 지원을 요청하는가 하면, 중소기업은행으로부터 대출을 받기도 했다.

김 사장은 결국 국내 최초의 협업화공장을 짓는 데 성공했다. 그리고 이 공장이 완공되면서 겨우 일본 거울이 밀려들어 오는 것을 막게 됐다. 또한 이 공장을 지어 국내 거울산업을 육성시킨 공로로 1982년에는 은탑산업훈장을 받았다.

그러나 1990년대 들어서면서 다시 대만·태국·인도네시아 등에 설립한 일본 현지법인들이 국내 시장에 대공세를 개시했다. 국내에서는 평당 680원 선을 받아야 생산이 가능한데, 일본 현지법인들은 평당 580원 정도의 저렴한 가격으로 국내 시장점유율을 높여갔다.

김 사장은 이대로 가면 국내 거울산업이 주저앉을 것 같은 우려가 들었다. 그는 드디어 평생 동안 숙원했던 사업에 착수했다. 바로 세계 최첨단 유리공장을 만들어 오히려 일본으로 역공세를 펴자는 것이었다.

그의 각오는 이번 익산 자동화공장을 지으면서 현실화됐다. 한국거울은 올 상반기부터 일본 시장에 대한 공세에 나설 예정이다. 50년 이상 거울과 함께 살아온 그의 노력이 드디어 열매를 맺게 되었다.

공장을 완공하던 날 익산에 있는 한국거울 공장 인근에 있는 식당에서 김 사장과 점심식사를 함께 했다. 그는 이제야 국내 거울시장을 해외기업이 넘겨다 보는 일은 없을 거라며 자신했다. 그의 얼굴에는 지난 50여 년 간 동고동락해온 국내 거울산업의 역사가 서려 있는 듯했다.

22

남성전선 명해종 회장

동남 아시아는 우리 케이블로 잇는다

경기 시화공단에 있는 남성전선의 명해종 회장(59세)은 국내 전선 업계의 산증인으로 통한다. 그는 35년째 오직 전선회사에서만 일해 왔다.

그가 처음 전선업계에 몸담은 것은 1962년 대한전선에 입사하면서부터였다. 여기에서 4년 간 근무하다 다시 1975년까지 국제전선에서 근무했다. 그는 국제전선을 다니면서 남성전선을 창업했다.

그가 1971년 1월 첫 사업을 시작한 곳은 경기도 안양시 안양 6동 안양초등학교 옆 지하실 15평 규모의 공장이었다. 이 곳에서 임가공으로 구리를 녹여 동선을 만드는 일을 했다. 여기에서 1년 간 돈을 벌어 서울 원효로에 20평짜리 공장을 얻어 동선공장을 계속했다.

명 회장은 차분하고 신중한 성격이어서 돈을 벌더라도 한꺼번에 대규모 투자를 하지는 않았다.

다시 1년 뒤엔 김포 마곡동으로 공장을 옮겼다. 또 1년 뒤엔 김포 검단공단에 대지 800평의 공장을 지었다. 이처럼 4년 동안 매년 공장을 옮기며 넓혀나갔다.

명 회장이 동선장사를 하면서 줄곧 돈을 벌 수 있었던 비결은 대단치 않은 노하우를 하나 알고 있었기 때문이라고 밝힌다.

국제 동가격의 흐름을 이해했기 때문이라는 것이다. 1970년대 런던금속거래소(LME)의 동가격을 체크해보면 3개월 뒤 우리나라 가격동향을 그대로 알 수 있었다고 한다. 선박으로 이동하는 기간 때문에 런던의 동값이 오르면 3개월 뒤 국내 동값이 어김없이 올랐다는 것이다. 이를 알고 난 뒤부터 구리제품을 사고파는 과정에서 거의 떼돈을 벌다시피 했다.

그러나 기업규모가 커지자 이젠 제품의 질로 승부를 걸기로 했다. 이 곳에서 규모를 늘린 뒤 1991년 다시 시화공단으로 옮겨와 대규모 전선공장을 가동했다.

명 회장은 남성전선이 새로운 도약을 시작한 것은 이 때부터라고 한다. 그리고 도약의 계기는 명 회장의 두 아들이 이 회사에 입사하면서부터라고 서슴없이 자랑한다.

명 회장의 맏아들인 성식 씨(36세)는 이사로 근무 중이며, 둘째 아들인 관식 씨(32세)는 대리로 일하고 있다.

이 두 아들은 미국에서 공부를 마친 뒤 대기업의 입사시험에 합격했지만, 그 곳에 근무하지 않고 곧장 남성전선에 와서 근무하고 있다. 이는 대기업과 중소기업은 엄연히 특성이 다른데, 대기업에서 배운 대로 경영하면 도움 될 것이 없다는 명 회장의 판단에 따른 것이었다.

그의 판단은 적중했다. 해외부문을 맡은 맏아들 명성식 이사가 해외사업에 두각을 나타내기 시작한 것이다. 명 이사는 미국 톨레도 대학과 대학원을 졸업하고 1993년부터 남성전선에 근무하기 시작했다. 이 때부터 그는 눈길을 해외로 돌렸다.

먼저 동남 아시아 시장을 공략하기 위해 톨레도 대학동창 가운데 동남 아시아 지역에 사는 사람을 물색했다. 먼저 필리핀 시장을 공략키로 하고 필리핀에 거주하는 대학동창을 물색한 끝에 한 사람을 찾아낼 수 있었다. 마침 그 동창은 통신공사에 근무하고 있었다. 그는 이 동창을 통해 필리핀 통신공사에 광케이블 납품권을 따냈다.

해외사업을 시작한 첫해에 12억 원어치를 수출했으며, 올해는 80억 원 정도를 수출할 전망이다. 인도네시아에도 톨레도 대학동창이 한 사람 있었다. 이번엔 그를 통해 인도네시아 통신공사에 500만 달러 규모의 통신선을 수주했다. 이를 발판으로 인도네시아에 현지법인도 설립했다.

사실 광케이블은 국내에서 대기업만 생산하는 품목이다. 그러나 이 회사는 대기업에 임가공을 의뢰해 이 케이블을 수출한다. 중소기업 제품을 대기업의 브랜드로 수출하는 경우는 매우 흔하다. 그러나 대기업 제품을 중소기업의 브랜드로 수출하는 경우는 정말 찾아보기 힘든 예다. 게다가 이러한 체제는 중공업분야에서도 처음 있는 일이다.

그만큼 남성전선은 동남 아시아 시장에서 굳건한 지위를 확보해놓고 있다. 명 회장의 둘째 아들인 명관식 대리는 내수부문을 맡고 있다. 그는 한국통신을 비롯해 전선공업협동조합을 통한 단체수의계약 등을 담당한다.

아직 젊은 나이지만 그는 예의바르게 사람들을 잘 사귀어 기대 이상의 계약실적을 올리고 있다고 한다.

이처럼 명 회장은 누구에게든 일을 잘 맡기는 것이 최고의 특기다. 자신이 처리할 수 있는 일까지도 아랫사람에게 넘겨주어 자발적으로 열심히 일할 수 있도록 한다.

따라서 이 회사는 인사고과도 매우 독특하다. 인사고과란 상급자가 아랫사원의 근무성적을 먼저 매기는 것이다. 그러나 이 회사에서는 사원이 자신의 고과를 스스로 매긴다.

이 회사의 인사고과표는 크게 3개 부문으로 되어 있다. △일의 이행상태, △근무태도, △근무능력 등으로 나누어져 있다. 일의 이행상태 가운데는 일의 처리 속도, 정확성 등 구체적인 항목이 나와 있다. 이런 사항은 일단 사원 스스로 점수를 매길 수 있을지 모른다.

그러나 사원들이 모든 것을 직접 매기기엔 묘한 부문이 많다. 근무 이해력이나 판단력 등에 대한 점수를 자신이 매기기엔 무척 힘들 것 같다. 사원마다 자기에게 몇 점을 줄지 고민에 빠질 수밖에 없을 듯하다. 그러나 명 회장은 이 모든 것을 사원들의 양심에 맡긴다고 한다.

남성전선은 이 인사고과에 따라 급여인상을 결정한다. 결국 자신의 임금인상률을 자기가 결정하는 셈이다. 따라서 무턱대고 스스로 과도한 평가를 하는 사원들에 대해서는 결재과정에서 오히려 점수를 깎아버리기도 한다. 때문에 이런 고과방식에 대해 불만을 가진 사원들도 상당수 있다.

그럼에도 불구하고 명 회장이 이런 제도를 만든 것은 명 회장 스스로가 전선회사에서 오랫동안 월급쟁이 생활을 해봤기 때문이다. 자발적으로 일한다는 것이 얼마나 큰 힘이 되는지를 너무나 잘 알고 있다는 뜻이다.

우리나라 중소기업의 종업원 1인당 매출은 평균 1억 원 수준이다. 자동화가 잘 돼도 2억 원 정도에 그친다. 그러나 이 회사의 1인당 매출은 10억 원 수준이다. 일반 중소기업의 몇 배를 넘어서는 실적이다. 어떻게 이런 실적을 이뤄낼 수 있었을까?

시화공단에 있는 이 회사의 공장을 둘러보면 전력 케이블을 비롯해 절연전선의 제조과정에 대한 자동화가 잘 되어 있긴 하다. 그렇지만 자동화만으로는 1인당 매출액을 이렇게 높일 수는 없었을 것이다. 결국 사원들이 자발적으로 일을 찾아 하는 풍토가 이런 성과를 일궈내는 디딤돌이 되었으리라 생각한다.

23
·

경일화학 김진명 사장

30년 사업에 평생을 바치다

경일화학의 김진명 사장은 우리나라 중소기업의 시장변화를 현장에서 체험한 기업인이다. 그는 현재 50세의 나이이지만 사업경력은 30년을 넘었다. 만 열아홉 살에 첫 사업을 시작해 30년 동안 영욕을 거듭하면서 기업을 경영해왔다. 그 사이에 다섯 번이나 업종전환을 거듭해오면서도 여전히 건재하다.

김 사장이 사업을 처음 시작했을 때는 정말 자신만만하고 뜨거운 열정을 가진 젊은이였다. 수원 토박이인 그는 열아홉 나이에 청량음료 제조업에 뛰어들었다. 1966년 경기도로부터 사이다 및 콜라 제조업 허가를 얻어 수원 세류동에 공장을 차렸다. 종업원 20여 명으로 콜라와 사이다를 만들어 각 대리점 및 가게에 공급하면서 돈을 벌기 시작했다. 사업을 시작하고 나서 1년 정도는 짭짤한 재미를 봤다.

그러나 코카콜라와 칠성사이다가 광고 및 물량공세를 해오면서부터 중소 청량음료 제조회사는 설 자리를 잃기 시작했다. 첫 사업에서 김 사장은 2년 만에 두 손 들고 말았다. 대기업의 물량공세에 밀리기도 했지만 시장을 예측하지 못하고 과다하게 설비를 투자한 것이 화근이었다.

20대 초반에 파산을 하고 만 것이다. 그는 첫 사업에서 지나치게

과욕을 부린 것을 뼈저리게 후회했다. 그러나 이미 때는 늦은 뒤였다. 더 이상 부모의 도움을 받을 수도 없고 취직할 곳도 없었다. 결국 실업자 신세가 되어 하릴없이 수원 시내를 헤매고 다녔다. 이 때가 1974년의 일이다.

더 이상 놀고 먹을 수는 없다고 판단하고 무슨 일이든 마다하지 않겠다는 결심을 하고 있을 때 수원 시내에서 우연히 학교 선배를 만났다.

그 선배가 한 가지 정보를 알려주었다. 병유리 업체인 안성유리가 병유리 생산에 필요한 빈 병과 깨진 유리를 공급해줄 사람을 찾고 있다는 거였다.

안성유리는 이들 빈 병과 깨진 유리를 노에 녹여 새 병을 만들어 종근당 등에 납품하는 회사였다. 그는 안성유리를 찾아가 빈 병 수집

사업을 하겠다고 자청했다. 안성유리는 흔쾌히 그에게 이 사업을 맡겼다. 20대 중반에 두번째 사업을 시작했다.

그는 전국을 돌아다니며 빈 병을 모았다. 수집상을 통해 하루 30t에 달하는 엄청난 물량을 거둬들였다. 사실 김 사장은 사이다 및 콜라사업을 했기 때문에 빈 병 수집사업은 이미 경험이 있던 터였다.

그는 병유리 수거사업을 시작한 지 1년 반 만에 독립적으로 사업을 벌일 수 있을 만큼의 돈을 벌었다.

당시 김 사장은 영등포 당산동 판잣집에서 기거하고 있었다. 그러나 사업이 잘 되면서 수원 매교동 동사무소 옆에 집을 한 채 사고도 대지 200평의 빈 병 수거장을 차렸다.

이 곳에서 김 사장은 진로·OB·크라운·칠성사이다·코카콜라 등 각종 주류 및 음료병을 「친정집」으로 돌려보내는 사업을 했다.

이 사업은 그로 하여금 안정을 되찾을 수 있게 해주었다. 주류 및 음료제조업의 매출증가에 힘입어 그의 사업도 번창해갔다.

1977년 김 사장은 또 한 차례의 모험을 감행했다. 재차 업종을 전환했던 것이다. 송탄 지산동에 있는 송탄 주류판매의 주식을 50% 정도 사들이면서 이 회사의 경영에 참여했다. 1979년 12월까지 3년간 이 업체를 경영했다.

이 회사를 경영하면서 그는 말 그대로 떼돈을 벌었다. 당시에 지역 주류판매 대리점 허가권을 지녔다는 것은 대단한 특권이었다. 그러나 김 사장은 돈을 잘 버는 것만으로는 만족을 느낄 수 없었다.

그는 『어차피 기업인으로 살아갈 바에는 음식료품 분야에서 탈피해 중화학분야에서 승부를 걸어보자』라는 결심을 했다. 이 판단을 내린 날부터 김 사장은 시장조사에 나섰다. 일단 그는 금속과 관련된

중공업분야나 화학분야가 앞으로 유망할 것으로 예측했다.

1980년 초 김 사장은 네번째의 업종전환에 나서 오산 부산동에 주식회사 천일금속이라는 비철금속제품 공장을 세웠다. 대지 3,000평 정도의 대규모 공장이었다.

여기에서 만들어낸 제품은 알루미늄 테이프와 동테이프였다. 이를 생산해 주로 안양에 있는 LG전선과 국제전선 등에 납품했다.

이 사업도 4년 반 동안 별 탈 없이 진행되었다. 그러나 비철금속 분야는 성장에 한계가 있다는 판단을 내렸다.

중국 개방 등의 영향으로 수입 비철금속이 시장을 장악하기 시작한 것이었다. 김 사장은 다섯번째의 업종전환을 위해 3개월 간 시장조사에 나섰다. 이제 한평생 몸바칠 수 있는 업종을 선택하고 싶었다. 시장조사 끝에 결국 고밀도 폴리에틸렌 필름 사업에 참여하기로 결심했다. 1985년 초 그는 열아홉 살에 첫 사업을 시작한 수원 세류동에 고밀도 폴리에틸렌 공장을 짓고 농업용 필름 사업에 뛰어들었다.

나는 중소기업 시장조사단의 일원으로 김진명 사장과 두 차례나 해외 여행한 경험이 있다. 첫번째는 1994년 일본 도쿄에 갔을 때이고 두번째는 1995년 가을 독일 뒤셀도르프에서 열린 플라스틱전시회에 참석하기 위해서였다. 도쿄에 갔을 때 일이다. 저녁 늦게 그와 함께 도쿄 시내를 걸어가는데, 김 사장이 주택가 골목에 쌓아둔 쓰레기 봉투를 가리키며 말했다.

『저 쓰레기 봉투가 바로 일본의 공식 쓰레기 봉투랍니다. 저 봉투는 탄산칼슘 필름으로 만드는데, 분해성이 뛰어나 사용한 뒤 공해를 발생시키지 않는다는 거죠. 일본은 이 봉투를 수입해서 씁니다.』 그는 조금 더 걸어가다 느닷없이 물었다.

『저 봉투를 어디서 만드는지 압니까?』

머뭇거리며 대답을 않자 그가 말했다.

『저게 우리 회사에서 만들어 수출한 겁니다.』 김사장은 1992년부터 50ℓ 및 70ℓ용 탄산칼슘 필름을 국내에서 처음으로 개발해 일본으로 수출해오고 있다고 했다.

이 얘기를 듣자 수입조건이 까다롭기로 유명한 일본의 기관들이 한국의 쓰레기 봉투를 공식제품으로 인정해 수입해가고 있다는 사실에 가슴이 뿌듯해졌다.

김 사장은 현재 수원 팔달구 매탄3동에 최신설비를 갖춘 고밀도 폴리에틸렌 제품공장을 운영하고 있다. 이 공장에서는 연간 1,400t 규모의 고밀도 폴리에틸렌과 연간 1,500t의 농업용 필름 및 판촉물 등을 생산한다.

건평 1,650평 규모의 이 공장에 들어서면 완전 자동화된 필름 제조기와 스크린 인쇄기 등을 볼 수 있다. 이 회사에서 가장 재미있는 광경은 매달 열리는 직원 월례회의다. 매월 셋째주 토요일에 열리는 이 회의는 회사 마당에서 진행된다. 열다섯 근 정도의 돼지고기를 마련해 마당에서 숯불구이를 먹어가며 회의를 연다. 제목만 회의이지 회식인 셈이다.

직원들은 이 자리를 빌려 사장에게 허심탄회하게 회사의 애로사항을 거론한다. 덕분에 노사문제가 발생할 염려는 없단다. 김 사장이 남달리 사원들에게 애착을 가지는 이유는 중소기업계의 인력난이 갈수록 심해지기 때문이다.

1991년 김 사장은 인력관리문제로 어려움을 당한 적이 있다. 설을 맞아 보너스를 받고 각자의 고향으로 내려간 사원 중 10여 명이 휴가 기간이 지나도록 나타나지 않는 것이었다. 그들은 한결같이 공장의 핵심 기술자들이었다.

공장 가동이 힘들어지자 그는 귀사하지 않은 사원들의 집을 일일이 찾아가 부모님께 세배를 드리고 본인과 부인도 만나 설득했다. 1주일 간을 찾아다니며 간곡히 부탁했다. 김 사장의 사정을 잘 아는 사원들은 그가 설득을 하자 하나둘씩 되돌아왔다. 결국은 한 사람도 빠지지 않고 모두 복귀하게 되었다.

이 때 김 사장은 사원들에게 이렇게 말했다.

『우리 회사는 사장의 것이 아니다. 사원들의 것이다.』 사실 김 사장은 좀체로 사장으로 군림한다거나 엄한 태도를 취하지 않는다. 옷차림도 사원들보다 더 허름한 잠바 차림으로 지낸다. 더욱이 번 돈을 불우학생들의 장학금으로 내거나 사랑의 선물로 내놓는다.

그의 부인은 어머니의 지병을 극진히 간호한 사실이 널리 알려져 내무부 장관상을 받았을 만큼 효부이기도 하다. 대학을 다니는 그의 두 아들도 틈 나면 공장에 나와 사원들과 함께 땀 흘리며 일하는 것을 당연하게 여긴다.

김 사장의 이런 인간미는 30년이란 긴 시간 동안 변화를 거듭해온 현장경험의 소산이 아닌가 한다.

경일화학의 가장 큰 강점은 바로 이런 인간미에서 비롯되는 것 같다.

24

·

성공전략연구소 최염순 사장

5분 약속을 4시간으로 늘린 대인관계

　최염순 성공전략 연구소 사장(43세)은 1991년 봄 15년 간 가슴에 묻어온 꿈을 실현시키기 위해 미국 뉴욕에 도착했다.

　그가 이 곳에 온 까닭은 책으로 거듭 읽고 익혀온 「데일 카네기 교육」을 현지에서 배우기 위해서였다. 나아가 이 교육의 노하우를 가지고 있는 미국의 데일 카네기사로부터 라이선스를 도입해 한국에 독점적인 데일 카네기 교육센터를 세우기 위해서이기도 했다.

　그러나 몇 차례의 면담요청을 했으나 데일 카네기사의 올리버 크롬 사장은 그를 만나주지 않았다. 사실 한국에서 스무 차례 이상 팩스와 전화로 면담을 요구했으나, 계속 다음 기회로 미루자며 거절하는 바람에 단숨에 미국까지 달려온 터였다.

　그러나 미국까지 찾아왔음에도 불구하고 올리버 크롬 사장의 응답은 마찬가지였다. 『바빠서 만날 시간이 없다』라는 것이었다.

　미국 IBM에 다니는 동서집에 기식하면서 그는 5일 동안 하루도 빠짐없이 데일 카네기사 사장실에 전화를 해댔다. 『사장을 만나기 위해 한국에서 여기까지 왔다. 5분만 시간을 내달라』라고 거듭 사정을 했다. 1주일이 지나서야 면담이 허락됐다. 그러나 면담시간은 딱 5분간이었다.

　뉴욕에서 택시를 타고 데일 카네기사로 향하는 그의 가슴은 한없이 뛰었다. 긴장됐다. 바가지 택시요금으로 많은 비용을 치렀으나 올리버 크롬 사장을 만날 수 있다는 사실 때문에 기분이 상할 겨를도 없었다.

　그러나 그를 만난 올리버 크롬 사장은 냉담하기 이를데 없었다. 마실 차 한 잔도 대접하지 않았다.

　그러나 그는 그 동안 자기가 읽었던 데일 카네기 교육에 관한 책자를 내보이며, 이 교육에 대한 자신의 열정을 설명했다. 그가 내보인 책자의 갈피에는 곳곳에 줄이 그어져 있었으며, 이미 달달 외워 책 표지가 낡아 닳아빠진 것들이었다.

　몇 분이 지나자 올리버 크롬 사장은 최 사장의 얘기에 맞장구를 치기 시작했다. 드디어 열띤 토론이 진행됐다. 첫 대면에서 딱 5분으로 정해졌던 면담시간이 무려 4시간30분으로 이어졌다.

이 자리에서 올리버 크롬 사장은 최 사장에게 미국 워싱턴에 있는 데일 카네기 트레이닝센터에 입학할 수 있는 자격을 주었다.

또 이 과정을 졸업한 뒤 인스트럭터가 되면 한국으로 돌아가 데일 카네기센터를 설립할 수 있는 권한까지 부여했다. 최 사장이 이토록 배우기를 열망한 데일 카네기 교육이란 과연 어떤 것인가?

그는 이 질문에 대해 『이 교육은 미국의 데일 카네기라는 사람이 지난 1912년 개발한 과정으로 매년 70여 개국 30만 명에게 성공 노하우를 제공하는 트레이닝이다』라고 설명한다.

이미 미국의 〈포천〉지 선정 500대 기업 중 400개 기업이 이를 채택했으며, 우리나라에도 최 사장이 도입해 이미 현대전자·한국듀폰·삼성전자·쌍용컴퓨터·현대중공업 등 100여 기업이 이를 채택했다.

데일 카네기 교육은 일반 의식개혁 교육과는 달리 스피치·자신감·리더십 등을 참여와 경험을 통해 훈련시킨다.

미국의 크라이슬러사를 회생시킨 아이아코카는 베스트셀러였던 그의 자서전에서 자신의 성공은 데일 카네기 교육 덕분이었음을 고백하기도 했다.

최 사장이 이런 독특한 교육과정을 처음 접한 것은 고등학교 때였다. YMCA 영어회화 모임인 파운틴 클럽 회원이 된 덕분에 영어에 능통하게 된 그는 영문으로 된 《카네기 인간관계론》이란 책을 발견하곤 이 책에 매료됐다.

다른 인간관계론에 관한 책은 서술형으로 쓰여졌으나, 이 책은 모두가 사례를 들어 설명하고 있어 재미있는데다가 읽고 나면 늘 새로운 감동을 받곤 했다.

그는 대학을 다니면서, 해병대 근무를 하면서, 서강대 대학원을 졸업하고 경남기업에 입사해 중동에서 3년 간 근무하면서까지 줄곧 데일 카네기의 책을 섭렵했다.

이러한 열성이 뉴욕에서 올리버 크롬 회장을 처음 만나고서도 단판에 승부를 가릴 수 있는 기회를 가질 수 있게 했던 것이다.

그러나 최 사장이 데일 카네기 과정을 시작하는 데는 면담 첫날처럼 그리 쉽사리 풀리지 않았다.

올리버 크롬 사장을 만나 계약을 맺은 다음날 그는 워싱턴으로 가기 위해 케네디 공항에 나갔다가 가방을 소매치기 당했다. 전날 맺은 계약서를 비롯해 미국에서의 생활비, 그 동안 애지중지하던 책자, 데일 카네기 학습계획서 등 사실상 그의 전 재산을 도둑맞았다.

수첩과 워싱턴으로 가는 비행기표만 달랑 남아 있었다. 결국 워싱턴 공항에 내렸을 때는 완전히 빈털털이였다.

그는 망연히 공항에 앉아 있었다. 「자, 이제 어떻게 해야 하나….」 애써 따놓은 계약인데, 그냥 한국으로 돌아갈 수도 없고 미국에 계속 머물 수도 없었다.

이 때 그에게 하나의 아이디어가 떠올랐다. 한국에서 사귀었던 미군 올슨 중위가 워싱턴에 살고 있다는 사실을 떠올린 것이다.

올슨 중위에게 전화를 걸었다. 그는 최 사장을 무척 반갑게 맞았다. 올슨 중위에겐 미국 국방부에 근무하는 부인과 광고회사에 다니는 딸, 그리고 미시간 대학에 다니는 아들이 있었는데 다행히 아들이 따로 떨어져 살고 있어 이 집에 기거할 수 있게 됐다.

소매치기 때문에 그는 그야말로 맨손으로 데일 카네기 인스트럭터 자격과정을 배우기 시작했다.

이를 악물고 시작한 덕분에 장학생이 되어 학비 없이 공부를 할 수 있었으며, 코스를 졸업하기 전부터 워싱턴에 있는 미국 기업들에게 인기 있는 강사로 떠올랐다.

그는 항상 사례를 들어가면서 설명을 했기 때문에 청중들을 감동시켰다.

『1898년 뉴욕 로크랜드 지역에서 불행한 일이 발생했다. 한 사람이 난폭한 말의 뒷발에 채여 죽는 사건이 일어난 것이다. 그에겐 열 살 난 맏아들 짐이 있었다. 아버지가 죽자 짐은 벽돌공장에서 일했다. 짐은 교육을 받을 기회가 전혀 없었다.

그럼에도 불구하고 소년은 쾌활했고 사람의 이름을 남달리 잘 외우는 재능을 가졌다. 그는 5만 명의 이름을 확실하게 외울 수 있었다. 그는 나중에 미합중국의 체신부 장관 자리에까지 올랐다. 이 능력을 발판으로 그는 1932년 루스벨트가 백악관 주인이 되는 데 결정적인 역할을 했다. 사람들의 이름을 기억하는 것은 이처럼 중요하다.』

최 사장의 머리 속에는 이러한 사례가 수천 가지 이상 들어 있다. 지금까지는 미국의 사례에 의존했으나 요즘 와서는 한국 기업들의 사례를 많이 발굴해놓고 있다.

얼마 전의 일이다. 의류업체인 이랜드의 박 사장은 재고 점검차 의류창고에 들렀다. 박 사장이 창고에 도착해보니 담당직원들이 물품을 정리해놓지 않은 채 쉬고 있었다. 평소 박 사장의 성격을 잘 아는 까닭에 직원들은 아연 긴장했다. 그러나 그는 여느 때와는 달리 꾸중도 하지 않고 그냥 되돌아갔다. 오히려 창고 담당직원들에게 딸기 한 상자를 선물로 놓고 간 것이다. 이 날부터 창고 담당직원들은 사장의 의중을 알고 열심히 재고를 챙기고 관리했다. 박 사장의 이런 태도는 데일 카네기 연수를 받은 이후에 일어난 사건이라고 최 사장은 설명한다.

이처럼 데일 카네기는 경영자와 사원들의 태도를 바꾸어놓는다.

이 연수를 받으면 공장과 사무실의 분위기가 확연히 달라진다. 현대전자 이천공장은 데일 카네기 연수 이후 반도체 칩의 수율이 현저히 높아졌다. 이랜드의 박 사장은 자신이 이 연수를 받은 이후 전 직원을 교육시켰다. 이랜드의 지속적인 성장에는 데일 카네기 교육이 큰 영향을 미쳤을 것이다.

데일 카네기 최고경영자 연수과정에 들어가보면 열기에 찬 중소기업인들을 항상 만날 수 있다.

이제 최 사장은 기업인의 경영태도를 바꾸어놓는 기업인으로 확실하게 자리를 잡아가고 있다. 사회에서 성공하는 인물이 되고 싶다면 최염순 사장에게 전화를 걸어보라. 경이로운 교육과정이 여러분을 맞이할 것이다.

25

솔로몬시스템 정상원 사장

140만 원의 창업자금으로 성공신화 창조

　　솔로몬시스템의 정상원 사장(31세)은 한양대 기계공학과를 나와 독일의 레이저 가공기 전문업체인 트룸프사의 대리점에서 3년 간 일했다. 이 곳에서 레이저 가공분야의 기술을 익혔다. 그는 어릴 때부터 스스로 기업을 경영해보고 싶었다. 그는 1992년 8월 26세의 나이로 창업을 했다. 레이저 가공 소프트웨어 공급업체를 차린 것이다. 믿기지 않겠지만 그의 창업자금은 단돈 140만 원이 전부였다.

　　사무실은 전 직장의 거래처 사장이 빌려주었고 창업자금으로는 팩시밀리와 전화를 샀다. 책상은 대학 다닐 때 쓰던 책상을 집에서 옮겨와 시작했다. 신정동에 사무실을 차리긴 했으나 아직 기업이라고 말하기에는 창피한 수준이었다. 종업원이라곤 단 한 명도 없이 달랑 1인 사장 회사로 시작했다. 막상 가방을 들고 영업을 나서려 하니 명함이 필요했다. 직원도 없는 회사였지만 그래도 「대표」란 명칭을 썼다. 어쨌든 어릴 때부터 꿈꿔오던 사장이 된 것이다. 그가 책상 하나만 덩그러니 놓고 영업에 나서자 주변 사람들은 코웃음을 쳤다. 『사업을 시작하기엔 너무 나이가 어린 거 아냐?』친한 친구들까지 이렇게 빈정댔다. 그러나 그는 사업을 시작한 다음날 팩시밀리를 자동응답으로 해둔 채 영업전선에 뛰어들었다.

어릴 때 소아마비를 앓아 눈에 띄진 않지만 걸음이 약간 불편했지만, 그는 남동공단에서부터 시화공단까지 일일이 찾아다니며 영업활동에 들어갔다. 약속도 없이 모르는 공장을 찾아갔다가 수위에게 쫓겨나는 일을 수없이 겪기도 했다. 그러나 그는 포기하지 않고 이를 악물고 찾아다녔다. 이런 악착같은 영업태도 덕분에 사업을 시작한 지 15일 만에 첫번째 실적을 올렸다. 대륙정밀 사장이 독일산 펀치 프레스를 도입하면서 정 사장의 프로그램을 쓰겠다고 나선 것이다. 그는 뛸 듯이 기뻤다.

정 사장은 지금도 1주일에 5일은 영업전선에 나선다. 어제는 부산, 오늘은 광주, 내일은 부천…. 하루도 쉴틈없이 레이저 가공기를 쓰는 업체를 찾아 나선다. 정 사장의 솔로몬 시스템이 취급하는 프로그램은 레이저 가공 판금 프로그램과 펀칭 프레스 소프트웨어다. 이를 수요로 하는 업체는 팩시밀리·복사기 등 전자제품 부품업체나 공조기업체·특장차업체 등이다. 이처럼 끊임없이 영업과 애프터서비스를 계속한 덕분에 현재 이 시장에서 솔로몬시스템의 시장점유율은 65%선을 넘어섰다. 레이저 판금 프로그램 업체로서는 국내에서 최고의 지위에 올라선 것이다.

효성컴퓨터를 비롯해 대광산업·태일정밀·대원산업·광림기계·일성기계·고려정공 등 쟁쟁한 기업들이 이 회사의 시스템을 채택했다. 책상 하나 놓고 출발한 지 4년 만에 일궈낸 성과다. 정 사장은 지난 7월27일 삼성전자연구소 연구 팀과 함께 미국에 갔다. 삼성전자에 매우 획기적인 기술을 공급해주기 위해서였다.

지금까지 삼성전자는 새로 개발된 부품을 협력업체에 제조 요청할 경우 설계도면을 직접 보내줘야 했다. 아니면 협력업체가 와서 찾아가야만 했다. 도면을 제공하는 곳은 삼성전자의 서울 가락동 연구소나 구미공장인데, 협력업체들은 수원·인천·서울 창동 등에 있어서 교통이 막히는 등 불편이 많았다. 그러나 이번에 정 사장은 이런 어려움을 말끔히 해결해줄 기술을 삼성측에 제공키로 했다. 삼성전자와 협력업체 사이에 이미 연결되어 있는 전산망을 통해 도면을 즉시 받아볼 수 있도록 한 것이다. 언뜻 생각하기에는 평범한 기술인 듯 보이나 도면을 컴퓨터로 설계(CAD)해 모뎀을 통해 보내면 도면을 잘못 읽는 오류나 제작상의 오차가 현저히 줄어든다. 특히 모기업인 삼성전자로부터 받은 CAD를 컴퓨터 지원제조(CAM)에 직접 연결할 수 있기 때문에 시간손실이나 착오·불량요소·비용 등이 절감되는 효과를 안겨준다. 그가 삼성연구 팀과 미국에 함께 간 것은 삼성의 시스템과 솔로몬의 시스템이 호환성을 가질 수 있도록 하기 위해서였다.

이 같은 시스템의 도입은 국내에서 처음 있는 일이다. 솔로몬시스
템이란 조그마한 기업이 어떻게 이처럼 제조업 매출 1위인 삼성전자
에 기술을 공급할 만큼 앞선 기술을 보유하게 됐을까? 어떻게 그런
영업실력을 쌓았을까? 이 질문에 그는 이렇게 대답한다. 『본디 영
업이라면 자신이 있었습니다.』

그가 영업을 처음 경험해본 것은 초등학교 1학년 때부터라고 스스
럼없이 털어놓는다. 그의 부모님이 강촌 유원지에서 가게를 했는
데, 그는 이 곳에서 직접 청량음료를 팔고 저녁이면 돈계산까지 마쳐
부모님께 드리는 일을 했다고 한다. 덕분에 지금도 완전히 낯선 사무
실을 찾아가더라도 10분 정도면 사업설명을 충분히 끝내고 수주를
받아올 때가 많다고 말한다. 그가 추구하는 영업의 핵심은 인간적으
로 먼저 친해지는 것이라고 강조한다. 그러나 솔로몬시스템의 사무
실과 공장을 찾아가보면 단지 영업활동을 적극적으로 폈기 때문만은
아닌 듯하다. 내부경영도 무척 남다르다. 사장이 사원들에게 쩔쩔 맨
다. 사원들은 사장에게 건의사항이나 아이디어를 서슴없이 얘기한
다. 사원 모두가 사장처럼 행세한다. 그만큼 사원들의 주인의식이 높
다. 물론 이는 정 사장이 젊기 때문일지도 모른다. 그러나 그는 단순
히 젊음만 자랑하는 기업인은 아닌 듯하다. 아직 기업인이란 얘기를
듣기조차 쑥스럽다고 말하지만 그의 포부만큼은 대단하다. 그는 모
기업과 협력업체 간의 공동전산망 구축을 자신의 기술로 개발해내는
것이 첫번째 목표라고 한다.

지금은 미국 MMI사의 기술지원을 받고 있지만 국산기술로 대기업
과 중소기업 간의 표준전산망을 구축해나갈 계획이다. 이를 위해 현

재 성균관 대학의 기계설치학과 김훈모 교수 팀과 관련 시스템 개발에 몰두하고 있다. 이 시스템이 개발되면 레이저 분야 이외에도 일반 판금 및 부품제작 분야에서도 솔로몬이 개발한 시스템을 공급할 수 있을 것으로 전망된다.

지난 1970년대와 1980년대에는 급격히 성장하는 젊은 기업인들을 한결같이 「무서운 아이」라는 별명을 붙여 「아직은 위험해보인다」라는 뜻으로 많이 표현했었다. 그러나 마이크로소프트사의 빌 게이츠 회장이 전산분야에서 급성장한 이후부터 이 분야에서만큼은 나이를 가리지 않는 것이 상식으로 되어가고 있다. 정상원 사장도 역시 컴퓨터 시대가 낳은 새 분야의 유망기업인으로 자리잡아가고 있다.

26

화덕산업 최대병 사장

위기가 곧 기회, 도전을 택했다

　기업을 경영하다 보면 도전과 포기 가운데 하나를 선택해야 하는 갈림길에 자주 서게 된다. 이럴 때 대부분의 젊은 기업인들은 도전의 길을 택한다. 도전이야말로 기업을 성장시킬 수 있는 새로운 기회를 마련해주기 때문이다. 그러나 도전의 수준이 지나치면 예상치 못한 어려움을 안게 된다. 더욱이 이런 과욕 속에는 항상 위험이 도사리고 있다는 사실을 젊을 때는 미처 깨닫지 못한다.

　특수형광램프 및 금융자동화제품 생산업체인 화덕산업의 최대병 사장(47세)은 고려무역과 동국무역에서 수출과장직을 맡아오다가 34세 때인 1983년 3월 무역회사를 차려 사장이 됐다. 그가 서울 논현동 4거리 신태양빌딩 2층에 원천교역을 설립해 처음 시작한 사업은 각종 주방기구를 미국 시장에서 수입해 판매하는 것이었다. 이 사업은 처음부터 진공청소기 등 부문에서 짭짤한 재미를 봤다. 여기에 자신을 얻자 그는 소규모 수입사업은 눈에 차지 않았다. 대규모 수출사업에 나서기로 한 것이다. 대규모의 해외입찰 비료사업과 시멘트 수출사업에 손을 대기 시작했다. 이 같은 대규모 사업은 종합상사 수준에서나 추진할 수 있는 사업이었으나 그는 과감하게 도전을 했다. 먼저 미국 무역회사와 삼각무역관계를 맺어 중국 푸젠성(福建

省) 비료입찰에 참여하는 한편, 서남 아시아 지역의 비료입찰에도 참여했다. 그러나 이 사업은 뜻대로 되지 않았다. 소규모 무역업과 달리 많은 자금이 소요될뿐더러 정보파악을 위해 인원도 대거 동원되어야 했다.

거의 1년 간을 큰 비즈니스만 찾아다니다 보니 회사는 적자에 허덕이다 결국 문을 닫을 수밖에 없는 형편에 처하게 됐다. 최 사장은 일단 회사를 정리하기로 했다. 당시 살고 있던 명일동 아파트를 팔아 밀린 빚을 모두 갚았다. 3년 간 열심히 수출시장을 뛰어다녔지만 남은 돈은 한 푼도 없었다. 집을 팔고 나니 거처할 곳조차 없었다. 다행히 은행에 다니는 친척의 도움으로 은행돈을 대출받아 명일동에 전셋집을 하나 얻었으나 정작 출근할 곳이 없었다. 그는 차비만 가지고 집을 나와 무작정 버스를 탔다. 그가 찾아간 곳은 남산식물원 뒤에 있는 한적한 벤치였다. 최 사장은 이 날부터 3개월 간 식물원 뒤의 벤치로 출근했다. 이 곳에서 자신의 실패 원인을 곰곰이 분석했다. 그는 지금까지의 잘못은 과욕 때문이라는 판단을 내렸다. 경영능력을 쌓는 데는 관심을 두지 않고 목표를 세우는 데만 급급해왔다는 사실을 깨달을 수 있었다. 앞으로 사업을 다시 시작하면 결코 과욕을 하지 않고 착실한 경영으로 기업을 키워나가겠다고 굳게 다짐했다. 그러나 빈털털이가 된 그로서는 다시 시작할 자금이 없었다. 하는 수 없이 다시 월급쟁이에서 출발했다.

전에 다니던 고려무역의 선배로부터 소개를 받아 주식회사 삼천리에 수입부장으로 취직했다. 고려무역에서 2년 간 산업체용 전동공구 수입 업무를 맡았고, 동국무역에서도 4년 간 원목과 대두 수출입업무를 담당해온 그에게 이 업무는 당연히 두각을 나타낼 수 있는 분야였다. 그는 이 회사 창업주의 아들인 이천득 부사장과 뜻이 맞아 전문경영인으로의 길을 재차 걸을 수 있는 기회를 잡게 되었다. 그러나 1987년 이천득 부사장이 간암으로 사망하자 절대 과욕은 하지 않으리라고 다짐하면서 사표를 던지고 다시 사업을 시작하기로 했다.

이 때 거래관계를 맺어오던 이성재 사장으로부터 랜턴용 소형 램프를 만드는 공장을 하나 소개받았다. 부광전자란 이름의 이 회사는 종업원 15명의 영세공장으로 매출이 거의 전무한 업체였다. 이 회사를 인수하는 데 필요한 자금은 1억 5,000만 원 선이었다. 그렇지만 그에게는 이를 인수할 자금이 충분치 못했다. 그는 다시 자금을 감당할 수 있는 김영덕 사장을 소개받았다. 김영덕 사장은 협화선박의 사장으로 삼천리 무역부의 후배가 소개시켜준 사람이었다. 김 사장을 공동대표이사로 세우고 부채를 안은 채 1억 5,000만 원에 부광전자를 인수했다. 1987년 7월 이 회사를 인수하면서 회사명을 화덕산업으로 바꾸었다.

그는 2년 만에 다시 기업인으로 일어섰다. 전에는 무역업자였지만 이번에는 제조업자가 되었다. 그가 이 회사를 인수하게 된 데는 랜턴용 소형 형광램프가 내수에서는 빛을 보기 어렵지만 홍콩 등 동남 아시아 지역으로의 수출 가능성이 엿보였기 때문이었다. 그러나 막상 제조업을 시작해보니 지금까지 예상치 못했던 여러 가지 어려움에 처했다. 무엇보다 현장직원을 관리하기가 가장 어려웠다. 일부러 말을 듣지 않는다기보다 기술숙련 부문에서 너무나 뒤떨어져 제대로 된 제품을 만들어낼 수가 없었다.

그는 회사를 인수한 지 한 달 뒤부터 거처를 공장으로 옮겼다. 종업원들과 함께 먹고 자며 현장 애로를 하나하나씩 풀어나가기 시작했다. 밤낮을 가리지 않고 기름때를 묻히며 고장난 기계를 고치기도 하고 생산된 제품을 일일이 검사하기도 했다. 이런 고생에 힘입어 영업 첫해인 1988년 3억 원어치의 램프를 홍콩으로 수출할 수 있었다.

이를 바탕으로 서울은행으로부터 자금을 대출받아 건평 100평의 공장을 250평으로 늘리고 U형 형광램프 생산에 나섰다. 공장 대지도 600여 평에서 900평으로 늘렸다. 이듬해에도 장사는 잘 되었다. 홍콩 시장에 60만 개의 램프를 수출하는 실적을 올렸다. 화덕산업은 자체 생산품 전량을 수출하는 업체가 되었다. 수출에 승부를 건 것은 최 사장이 무역에 정통한 데 영향을 받은 듯하다. 그러나 1992년에 접어들면서 사태는 급변했다. 중국이 개방되면서 전등기구 분야에서 우리 제품을 추격해오기 시작한 것이다. 이제 기존 제품만으로는 2년을 버티기도 힘들 것이라는 판단이 내려졌다. 드디어 다시 포기나 도전이냐를 결정해야 할 시기를 맞았다. 그는 무척이나 망설였다. 전등기구 부문에서 살아남으려면 첨단제품을 생산할 수 있는 업체로 구조조정을 해야 했기 때문이다. 이를 위해선 엄청난 설비투자와 기술자 양성을 수반해야 했다. 「이렇게 과감하게 투자하는 것이 무모한 짓은 아닐까? 과욕을 하는 것이 아닐까?」이 문제를 놓고 몇 달을 고심했다.

결국 그는 여기에서 그냥 포기할 수는 없다고 결정을 내렸다. 단순한 개선으로는 결코 살아남을 수 없다는 판단으로 회사를 전면 개혁하기로 결심했다. 일단 구공장을 완전히 폐쇄하고 공장을 다시 짓기로 했다. 대학에서 건축학을 전공하고 대학원에서 경영학을 전공한 그는 혁신을 위해서는 모든 것을 바꾸어야 한다는 생각에서 공장은 물론 수위실까지 새로 지었다. 250평 정도의 공장을 900평으로 확장·신설했다. 설비도 옛것을 미련 없이 버렸다. 기계도 절전형으로 선택하고 인력이 덜 드는 자동화 라인을 도입했다. 이 같은 설비투자 과정에서 중소기업진흥공단의 도움도 자청해서 많이 받았다.

우리나라 중소기업인들은 외부의 충고를 좀체로 받아들이지 않는다. 이 같은 행태가 기업에 큰 손해가 된다는 사실을 잘 알고 있는 최 사장은 중소기업진흥공단 전문지도사의 지도에 적극적으로 따랐다. 그는 중소기업도 구조조정을 하기 위해서는 전문적인 기술연수와 경영혁신이 필요하다는 것을 절감했다. 구조조정기를 거치는 3년간은 매출이 늘어나지 않았으나 얻은 것은 그에 비할 바가 아니었다. 중소기업진흥공단의 안내로 이업종 교류에 참여했다. 덕분에 금융자동화기술을 가진 카스모와 제휴할 수 있는 기회를 얻게 됐다. 이 덕분에 지폐계수기 등 첨단 금융자동화기기를 생산하게 된 것이다.

26. 화덕산업 최대병 사장

193

카스모측은 기술과 판매를 맡고 화덕산업은 생산만 담당하기로 한 것이다.

카스모와 화덕산업의 분업관계는 요즘 중소업계에서 모두 부러워 할 정도로 잘 진행되고 있는 중이다. 화덕산업은 구조조정 기간 동안 기술개발을 계속해 3파장 형광램프를 국내에서 처음 개발하는 등 첨단전등 기구를 많이 개발했다. 이들 제품이 올해부터 본격 양산되고 있어 국내 전등기구업계의 판도가 크게 달라질 전망이다. 최 사장이 야말로 목표보다는 실천이 더욱 중요하다는 사실을 경영에 그대로 옮긴 기업인이라고 할 수 있다.

27

·

다린개발 김현준 사장

아스팔트 공법을 예술화하다

  도로포장 업체인 다린개발은 보도 블록을 설치하지 않고 아스팔트 포장으로 문양과 색상을 다양하게 나타낼 수 있는 기술을 개발해 본격 공급에 나섰다. 이 로드 프린트 공법은 보행자 도로를 비롯해 광장·공원·자전거 도로·학교·주택 등에서 다양한 색상으로 예술적인 격자무늬 등을 찍어낸다. 문양도 아치·블록·돌포장 모양 등 여러 가지로 선택할 수 있으며, 기존의 컬러 아스콘보다 50% 정도 공사비를 절감할 수 있다. 다린은 이 기술로 특허를 받았다. 이 기술이 개발되자 서울시를 비롯해 학교와 공공기관 등에서 주문이 쇄도하기 시작했다.

  요즘 운전을 하고 다니다 보면 도로보수공사를 하느라 길이 막히는 것을 자주 본다. 도로보수가 혼잡의 주범인 것이다. 도로보수공사가 교통혼잡의 원인이 되고 있는 것은 보수공사를 한 자리가 쉽게 굳지 않기 때문이다. 과거 아스팔트 보수공사를 하면 2~3시간은 교통이 통제되었다. 그러나 이 긴급도로보수 아스팔트 개발 덕에 30분 만에 무리없이 트럭이 지나갈 수 있게 됐다.

  이러한 특수 아스팔트는 다린개발의 김현준 사장(42세)이 개발한 것이다. 김 사장은 최근 이 긴급도로보수 아스팔트 분야에서 특허를

세 개나 획득했다. 이 분야에서 다린개발은 국내에서 가장 많은 특허를 보유하고 있다. 무엇보다 그 동안 도로보수에 사용된 아스팔트는 뜨겁게 가열해야만 사용할 수 있었다. 그러나 이 특허 기술은 상온에서 별도의 가열기구가 필요 없어 빠른 시간 안에 도로를 원상복구할 수 있는 것이 장점이다. 다린개발은 이 특수 아스팔트를 국내에 본격 공급하는 한편, 인도네시아 · 필리핀 · 싱가포르 등에 수출하기 시작했다. 요즘 들어 공원보도나 자전거용 도로가 차츰 컬러화되어가고 있다. 적갈색이 있는가 하면 초록색이나 노란색도 눈에 띈다. 얼핏 보기엔 아스팔트 도로에 페인트를 칠한 것처럼 보이지만 이 특수 아스팔트를 제조하는 데는 고도의 기술이 요구된다. 특히 비가 내렸을 때 1분에 30cm의 깊이로 물이 빠지는 투수성(透水性) 아스팔트를 쓴다. 김 사장은 이 같은 컬러 아스팔트와 투수 아스팔트 개발에 선구적 위치를 차지하고 있다. 그가 이런 위치에 서기까지의 뒤안길에는 뼈저린 사연들이 숨어 있다.

김 사장이 연세대 산업대학원 공업경영학과를 졸업한 뒤 첫 취직을 한 곳은 스위스에 있는 국제공인검사기관 SGS의 한국 내 법인인 한국SGS였다. 대학에서 기계공학을 전공한 덕분에 기계설비 분야에서 일곱 가지의 기사면허를 가지고 있는 그가 생산현장이 아닌, 공인검사기관에 취직한 이유는 그가 해군장교로 근무할 때 당한 사고 때문이다.

해군 중위 시절 주요 군시설 감독관을 맡고 있던 중 현장소장의 실수로 화재가 발생했다. 그 화재를 그대로 방치하면 폭발로 많은 인명피해가 발생할 것으로 판단한 그는 화재현장 안에 있는 인부들을 구하기 위해 불길 속으로 뛰어들었다. 몇 사람을 구하긴 했으나 대형 폭발로 이어지는 바람에 설비와 함께 몸이 날아가 버리고 말았다. 산산조각난 설비 틈에 끼여 기적적으로 목숨을 건지긴 했으나 걸을 수 없을 정도의 부상과 화상을 입었다. 그는 하루 아침에 원호대상자 신세가 됐다. 그러나 그는 2년 만에 완전히 정상인으로 되돌아왔다. 전혀 다리를 절지도 않았으며, 남들보다 과격한 운동을 할 수 있을 만큼 회복했다. 그렇지만 이 사고 이후 그는 설비를 제작하거나 제조하는 분야에는 참여하고 싶지 않아 공인검사기관에서 일을 하기 시작한 것이다. 이 곳에서 5년 간 근무하면서 현대중공업이 인도네시아로 수출하는 항만하역설비를 비롯해 삼성중공업이 인도로 수출하는 해양 플랜트 등을 검사하기도 했다. 특히 이 곳에 근무하면서 무역에 대한 경험을 많이 쌓았고, 아스팔트 플랜트에 대한 검사업무를 자주 하게 되었다.

1989년 10월의 일이다. 그 동안 함께 일해오던 인도네시아의 바이어인 부디 한도코 사장이 김 사장에게 직접 무역업체를 차린다면 아스팔트 플랜트를 모두 그를 통해 사가겠다고 제안했다. 김 사장의 기계설계 실력과 무역업무 능력을 잘 아는 한도코 사장은 연간 100만 달러 이상을 수입해가겠다고 약속했다. 언젠가는 독립을 하기로 마음먹고 있던 그는 SGS에 사표를 내고 1990년 1월 서울 방화동 서정빌딩에 15평짜리 사무실을 마련했다. 사무직원 두 명과 함께 단출하게 출발했다.

김 사장은 인도네시아에서 들어오는 주문에 따라 자기가 직접 설계를 해서 도면을 하청공장에 넘겼다. 플랜트 수주에서부터 도면설계·하청계약·감리감독·선적·해외공장 시운전까지 모두 혼자서 처리해야 했다. 1인 10역을 하다 보니 잠 잘 틈이라곤 없었다. 이렇듯 열심히 일한 덕분에 2년 간은 연 200만 달러를 수출해 짭짤한 재미를 봤다.

그러나 1992년 들어 정부가 아파트 200만 호 건설을 추진하자 용접·제관·기계공들이 건설현장으로 몰리면서 하청비용이 30% 이상 올랐다. 이로 인해 해외수출 가격이 일본을 앞지르는 수준에 이르렀다. 그러자 동남 아시아의 바이어들이 그로부터 등을 돌리기 시작했다. 여기에다 국내 후발업체들까지 과당경쟁으로 기존 바이어들에게 공작을 펴곤 했다. 여기에 회의를 느낀 그는 이제 직접 아스팔트 플랜트를 제작하는 제조업체를 차려야겠다는 계획을 세웠다.

무역을 해서 번 돈을 모두 털어 의정부에 공장을 차렸다. 지금까지 수많은 플랜트를 제작해봤기 때문에 공장을 짓는 것은 그에게는 극히 손쉬운 일이었다. 그러나 특수 아스팔트를 혼합제조하는 기술은 기계설비분야가 아니라 화공분야였다. 따라서 일단 선진국의 아스팔트 설비를 돌아본 뒤 영국의 엠콜사로부터 기술을 도입했다. 영국으로부터 기술을 도입하자 연간 20만 달러어치의 원료를 영국에서 들여와야만 했다. 몇 번 원료조달에 차질이 빚어지자, 그는 만일 영국측이 원료를 공급해주지 않겠다는 날에는 심각한 어려움을 당할 수도 있다는 생각이 들었다. 「그래, 이제 직접 특수 아스팔트를 개발해보자.」

1992년 초부터 그는 긴급도로보수용 아스팔트 개발에 착수했다. 이후 1년 간 아스팔트에 대한 정보가 있는 곳이라면 어디든지 찾아나섰다. 연구소 · 도서관 · 대학 · 해외기업 등을 찾아다니며 1년 간 수많은 시행착오를 거듭했다. 1993년 초 드디어 그는 특수아스팔트를 순수 우리 기술로 개발해냈다. 이 국산기술이 해외에서 인정받기 시작한 것은 1995년 8월의 일이다. 필리핀 건설부가 마닐라 도로포장을 발주하면서 일본 · 영국 등 선진국 제품과 함께 시험시공을 했는데, 다린통상의 제품이 가장 우수하다는 평가를 받은 것이다. 필리핀 등 동남 아시아로의 수출이 확대되자, 이번에는 기술을 제공했던 영국 엠콜사의 임원이 찾아와 자기들의 아성인 동남 아시아 지역에 더 이상 수출하지 말라며 협박에 가까운 부탁을 해오기도 했다.

그러나 해외에서 이같이 우수성과 품질을 인정받고 있는데도 막상 국내 관공서에서는 국산제품 사용에 인색한 태도를 보이고 있다. 김 사장은 긴급도로보수공사에 우수한 국산개발품을 쓰지 않고 로열티를 지불하는 외국산 제품을 사용하는 현실이 안타깝기만 하다고 토로한다. 다만, 컬러 투수성 아스팔트는 공공기관 및 기업에서 인기를 얻어 수요가 급증하고 있는 상황이다.

일산주택단지를 비롯해 서울시내 주유소·자전거도로 등을 포장하는 데 거의 컬러 아스팔트를 사용하기 시작한 것이다. 김 사장은 요즘 자전거타기운동에 지대한 관심을 기울이기 시작했다. 그가 자전거타기운동에 힘을 쏟기 시작한 것은 사단법인 녹색교통운동의 운영위원을 맡으면서 교통사고 피해자 가족을 만나보는 계기로부터 비롯된 것이다. 이를 보고는 가능하면 자동차보다는 자전거를 이용하는 시민이 늘어야 하겠다는 생각을 가졌다. 한때 폭발사고로 장애인 생활을 한 적이 있는 그는 자전거타기운동에 앞장서겠다는 마음을 굳혔다. 이후부터 그는 자전거도로를 포장하는 아스팔트를 시공할 때면 더욱더 모든 정성을 다했다. 그는 오늘도 전국 도시의 자전거도로를 투수성 아스팔트인 「투스팔트」로 포장하는 꿈을 키우고 있다.

중 소 기 업 인

28

청우엔지니어링 박명선 사장

「최고」는 「성실」 뒤에 온다

　　청우엔지니어링의 박명선 사장은 요즘 모스크바에 자주 간다. 올
들어 벌써 세번째 걸음이다. 그러나 그는 이 곳에서 관광 한번 제대
로 해보지 못했다. 공항에 도착하기가 무섭게 모스크바 근교에 있는
무치시 인스티튜트로 곧장 달려가기 때문이다.

　　무치시 인스티튜트는 구소련 시절부터 세계적으로 유명한 필터 전
문연구소다. 오폐수 정화장치를 생산하는 환경설비업체를 경영하는
그가 이 곳을 계속 찾는 이유는 오수를 맑은 물로 처리해낼 수 있는
한외여과막인 슈퍼멤브레인 제조기술을 배우기 위해서다. 이 곳에
도착하면 기술에 대한 조사 및 토의를 하느라 밤을 새우기 일쑤다.
이미 스위스의 메토바우사와 기술제휴로 멤브레인 디퓨저를 생산하
고 있으면서도 세계 최고의 기술을 개발하겠다는 박 사장의 의지가
그를 이렇게 부지런하게 만들고 있다.

　　청우엔지니어링은 이미 김포에 있는 약 5,000평의 공장에서 오수
정화장치인 슈퍼탱크를 첨단 컴퓨터 시스템으로 생산해내고 있다.
이 슈퍼탱크는 오수를 생화학적으로 처리해 5ppm 이하의 맑은 물로
걸러내는 플랜트다. 이 처리장치는 한번 설치하면 20년 간 보수 없
이 거의 영구적으로 사용할 수 있다. 현재의 수준으로도 전세계에서

기술력을 인정받아 환경설비업체로서는 드물게 싱가포르 및 러시아 등으로 대규모 수출도 하고 있다. 그럼에도 불구하고 그는 여기에 만족하지 않고 더 나은 기술을 개발하기 위해 며칠 뒤에는 혹독하게 추운 러시아 민스크에 있는 연구소를 찾아나설 참이다.

대부분의 기업인들이 기술개발을 앞세우긴 하지만 경영 일선에서는 자금관리에 더 신경을 쓰는 데 비해, 박 사장은 실질적인 기술개발을 경영의 최우선 과제로 삼는다. 그 이유 중 하나는 그가 기계공학과를 나와 기술분야에 해밝은 지식을 갖고 있기 때문인지 모른다. 그러나 그는 1979년부터 사업을 시작해 지금까지 지내오면서 한 가지의 신념을 가졌기 때문이라고 답변한다. 기업이란 돈보다는 신의와 기술로 뭉치는 것이 튼튼하기 때문이라고 밝힌다. 기업이란 돈놀이를 하는 곳이 아니라 자아실현의 장이라는 것이다.

　박 사장이야말로 맨손으로 사업을 시작해 국제적 수준의 업체로 끌어올린 인물이다. 따라서 창업 초기에 박 사장만큼 돈에 시달린 기업인도 드물다. 그러나 그는 지금껏 신의와 기술이 있는 곳에 돈은 저절로 따라온다는 신념을 버리지 않았다. 그가 기업을 시작한 과정을 보면 그의 신념이 옳은 것 같기도 하다.

　1979년 박 사장은 비장한 마음으로 사우디아라비아행 비행기에 올랐다. 한국에서도 하기 힘든 첫 사업을 사우디아라비아에서 시작해 보기로 마음먹은 것이다. 그의 호주머니엔 단돈 1,000달러밖에 없었다. 그 돈으로는 숙소를 얻고 한 달 정도 생활하기도 빡빡했다. 박 사장이 의지하는 거라곤 삼환기업에서 5년 간 사우디아라비아 근무를 한 경험이 전부였다. 이 곳에서 냉난방 공조설비 및 위생·소화·전기설비 등 닥치는 대로 무슨 일이든 하겠다고 마음먹었다. 그는 알코바에서 일제 혼다 중고트럭을 한 대 사서 영업을 시작했다. 이 트럭은 설비운송수단을 겸한 그의 사무실이자 숙소가 되기도 했다. 박 사장이 이 곳에서 건축설비사업을 시작할 때는 마침 현대건설 담만 현장에서 폭동이 일어난 뒤여서 인력을 구할 길이 없었다. 더욱이 사우디아라비아 정부는 당시 한국인에 대해 오픈 비자를 발급해주지 않아 한국인 기술자를 구할 길이 막막했다.

　이 때 그는 색다른 지혜를 짜낸다. 사우디아라비아에서 외국인 회사에 근무하는 근로자들이 조기퇴근하는 것을 알아내고 이들을 설득하면 저녁에 일을 시킬 수 있을 것으로 판단했다. 그의 판단은 맞아들어 갔다. 네덜란드 기업인 발라스트네담사에는 500여 명의 한국인이 근무하는데 오후 4시30분이면 퇴근을 했다. 이들 중 몇 사람과 5~10시까지 일했다. 이들과 함께 일을 하다 보니 그의 근무시간은 자연히 늘어날 수밖에 없었다. 거의 매일 4시간 정도만 잠을 자면서 끊임없이 일했다. 작은 공사라도 발주자에 대한 신의는 반드시 지켰다. 설계·재료 사용·시공을 꼼꼼이 챙겼다. 공조설비 등에 조그마한 틈이 생겨 발주자가 불만을 제기하면 밤을 새워서라도 완전히 다시 시공해주었다.

3개월이 지나 가족들에게 송금을 할 수 있는 형편이 되자, 그의 성실성을 눈여겨본 건축업자들이 대규모 공사 용역을 발주하기 시작했다. 특히 알코바 시내에 있는 전기도매상의 도움을 많이 받았다. 그 전기도매상은 박 사장이 온화한 성품이면서도 실천력이 강한 점에 매료되어 알코바의 공사 용역을 알선해주는가 하면 자기 집으로 초청해 식사를 대접하기도 했다. 3개월 간의 비자 기간이 지나 불법 체류 중인데다 저녁이면 알암코의 영어방송을 듣는 것이 유일한 낙인 그에게 저녁식사 초대는 참으로 반가운 것이었다.

그는 사우디아라비아 친구들과 친하기 위해 음식도 아랍식으로 맨손으로 먹고 양고기·새우요리 등도 맛있게 먹었다. 사우디아라비아에서 사업을 하면서 그가 절감한 점이 하나 있었다. 「이런 먼 나라에 와서도 철저히 신용을 지키면 사업을 잘 해나갈 수 있구나」라는 것이었다. 그는 서울로 돌아가 자신의 방식으로 사업을 시작하기로 결정했다.

1982년 4월 서울 강남구청 앞에 사무실을 차리고 오수정화조 사업을 시작한 것이다. 사업자금은 사우디아라비아에서 번 돈과 잠실 쪽에 있는 32평 아파트를 처분하고 송파구의 22평으로 옮겨 얻게 된 차액으로 조성했다. 첫 사업을 시작하면서 그는 가족회의를 열었다. 사업을 하다 보면 잘 안 될 수도 있는데 이 경우 집도 절도 없이

나가 앉을 수도 있으니, 그럴 때라도 서로 이해하며 힘을 합치자고 다짐했다. 어머니와 아내, 그리고 누이까지 그의 단호한 태도에 찬성했다. 그러나 한국에서의 첫 사업은 뜻대로 이뤄지지 않았다. 시작하고 반 년이 지나도록 그는 단 한 건의 공사도 따내지 못했다. 『직원들의 월급날이 어찌나 빨리 다가오던지….』그는 당시를 이렇게 회고한다.

매일 건설회사의 문전을 닳도록 찾아다녔지만 저녁이 되면 파김치가 된 채 빈손으로 되돌아왔다. 드디어 6개월을 넘어서자 아내가 친구 등으로부터 돈을 끌어대는 것도 한계점에 이르렀다. 아무리 성실하게 일을 하려 해도 일거리가 없는 데에는 어쩔 도리가 없었다. 「역시 사업은 큰 돈으로 밀어붙여야 되는 것이구나….」이제 사업을 완전히 포기할 수밖에 없었다. 이런 상태에서 삼환기업에 다닐 때 신용을 쌓아두었던 김영정 설계사무소를 찾아갔다. 마침 김 사장은 동신주택의 월계 아파트 공사에 오수처리설비가 발주될 예정이라는 정보를 주었다. 동신주택 발주담당 이사를 처음 찾아갔을 때 그는 극히 참담한 마음이었다.

지금까지 수주 실적이 전무하니 발주할 리가 없다는 생각이 들어서였다. 그는 담당 이사를 찾아가 말했다. 『공사를 따낼 만한 자격은 갖추지 못했으나 만약 발주를 해준다면 성의를 다해 시공하겠습니다.』이렇게 솔직하게 대면했다. 자신의 설계실력도 차분히 설명했다. 이로부터 1주일 뒤 동신주택으로부터 계약을 맺으러 오라는 전화를 받고서는 그 자신도 믿기지 않았다. 반 년 만에 얻어낸 첫 공사였다. 박 사장은 이 날의 기쁨을 지금도 잊지 못한다.

이 공사를 꼼꼼이 정성껏 처리해주면서부터 업계에서는 청우엔지

니어링의 기술이 알려지기 시작했다. 공사마다 사우디아라비아에서
보다 더욱 엄격한 기준을 지키면서 성실히 시공했다. 이어 박 사장은
롯데월드에 하루 3,800t을 소화할 수 있는 오수처리설비를 수주받으
면서 중견 설비업체로 성장했다. 결국 그의 신념은 맞아 떨어졌다.
기업은 돈으로 뭉치는 것이 아니라 신의와 기술로 뭉쳐져야 한다는
생각을 더욱 굳히게 된 것이다.

오늘도 박 사장은 오전에는 김포공장에 들러 오수를 5ppm 이하의
맑은 물로 정수하는 슈퍼탱크를 만드는 생산직 사원들과 땀을 흘리
고, 오후에는 350평에 이르는 사내 연구소에 들러 개발 중인 기술에
대해 토론하기에 바쁘다. 얼마 전 천안 호서 대학교에서 학생들에게
강의를 마치고 나오는 박 사장과 마주쳤다. 한 학생이 박 사장을 따
라나오며 감사하다는 인사를 거듭 하는 중이었다. 박 사장의 강의는
체험에서 묻어나오는 내용이어서 수강생들에게 진한 감동을 주었을
것이다.

29
·

주식회사 제은 김광양 사장

물 박사 된 선장님

　주식회사 제은의 김광양 사장(53세)은 1983년 8월 1억 3,200만 원을 부도 내고 완전히 빈털털이가 된 뒤 자갈치시장 방조제를 끊임없이 맴돌았다.　오늘도 자갈치시장 방조제를 30번이나 왔다갔다 했다. 벌써 며칠째 아침부터 저녁까지 이 곳을 계속 서성거렸다.　달리 갈 곳도 없어서다.　그는 이제 다방에 가서 차를 마실 형편도 못 됐다. 버스를 타고 시내를 돌아다닐 차비조차 없었다.

　「아, 어쩌다가 내가 이 지경이 됐을까….」그는 심한 회오에 빠졌다. 그렇게 고생하며 번 돈을 다 날리고 1억 원이 넘는 빚만 끌어안다니. 도대체 어떻게 번 돈인데….　사실 그의 인생은 정말 남달랐다. 수산대학을 나와 해군 소위로 월남전에 참전했고 제대하자마자 원양어선을 탔다.

　1970년 캄차카와 알래스카 근해에서 명태잡이를 시작해 북양 트롤어선의 선장이 됐다.　이어 대서양 사하라 어장을 개척하며 선장 일을 계속했다.　스페인령 라스팔마스 어업 전진기지에서 근무하기도 했다. 8년 간 원양어선을 타며 죽음과도 수없이 싸웠다.　북양에서 8m의 파고에 동력이 끊어져 이를 수리하느라 바닷물을 한 양동이 이상 먹고 탈진해가면서 건져올린 목숨이었다.　적도 무풍지대에서 배가

움직이지 않아 1주일 이상의 침묵과 고독에 시달리던 일…. 이런 고통도 마다하지 않고 번 돈이었다. 이 때 원양어선 선장의 월급은 엄청나게 높았다. 한 달 월급이 250만 원이나 되었다. 당시 부산에서 24평짜리 단독주택 매매가격이 124만 원 할 때였다. 한 달이면 집 두 채 값을 벌었다.

그가 부산으로 돌아와 주식회사 삼우무선이란 회사를 처음 차려 선박무선 설비사업을 시작했을 때 이 지역에선 누구 못지않게 돈 많은 기업인이었다. 그런데 사업을 시작한 지 2년 만에 그 많은 돈과 부동산을 모두 잃은 채 엄청난 빚까지 짊어진 것이다. 자살을 하고 싶어도 너무나 억울해서 자살을 할 수조차 없었다. 그렇다고 다시 살아갈 대책도 막연했다. 김 사장은 뭔가 다시 일어설 수 있는 방도가 떠오를 때까지 자갈치시장 방조제가 닳도록 걷기로 했다. 그렇게 두 달을 보낸 뒤에야 결론을 내렸다. 일단 제조업이 아닌 유통업에서 시작하자. 다만, 이름에 바다양(洋) 자가 들어 있고 수산대학을 나왔고 해군이었으며, 선박용품 회사를 경영했던 만큼 물과 관계되는 일을 해야 하는 것은 숙명이라는 판단을 굳혔다.

1984년 3월 부도를 낸 지 석 달 만에 그는 자갈치시장 방조제를 떠나 선박용품 회사들을 찾아다녔다. 부둣가 업자들에게 김 사장이 다시 마음을 가다듬고 사업을 재개하려 한다는 소문이 나돌자 한 선박용품 업자가 자기의 선박용품을 팔아준다면 500만 원을 빌려주겠다는 제안을 해왔다. 1주일이 지나자 대아산업이란 선박용품 공급회사에서 부사장이란 직함을 줄 테니 대형 선박에 물품을 공급할 수 있게 「얼굴 마담」이 되어줄 것을 요청했다. 이런 일은 단지 2년 간 기업을 경영하면서 부둣가에서 인심을 잃지 않은데다 선박에 대해서는 김 사장만큼 잘 아는 사람이 드물었기 때문이다. 얼굴 마담 노릇을 한 지 5개월이 되자 사업을 재개할 수 있는 거래처와 납품처가 충분히 확보되었다.

1985년 8월1일 그는 재기를 위해 다시 회사를 설립했다. 이 회사의 이름은 제은선용품. 어망·로프·철물류·식품 등 대형 선박에서 필요로 하는 용품이라면 무엇이든지 구해다 주는 업체로 출발했다. 그의 사업은 다시 차근차근 성장해가기 시작했다. 1년 뒤 우연히 라스팔마스에서 함께 배를 타던 권영호 회장(당시 선박기관장)을 만나면서 선박용품 수출업체로 발돋움했다. 권영호 회장은 스페인 현지법인인 인터부르고사의 회장으로 원양어선 30척을 거느린 인물이다. 권 회장과 김 사장은 서로 바다에서 만나 땀과 고뇌와 눈물을 함께 해온 터라 선뜻 대량 주문을 해왔다. 기자가 며칠 전 부산 문현동에 있는 주식회사 제은을 찾아갔을 때 김 사장은 스페인으로 수출할 선박용품을 컨테이너에 싣느라 정신 없이 바빴다. 연말연시에는 부산항의 컨테이너 야드가 밀려 실을 장소가 마땅치 않아 주변 공터에서 이를 적재하는 중이었다. 스페인 테네리페로 보내는 12개의 컨테이너 분량을 다 싣고 나서야 한숨을 돌리며 지난 애기를 할 수 있었다. 그는「물」애기부터 털어놓았다.

1985년 선박용품 사업을 재개해 돈이 차츰 모이자 1989년부터 먹는 물을 연구하는 데 몰두했다. 먼 바다에서 선장을 할 때부터 사람이 먹는 최선의 물을 개발하는 방법에 대해 늘 고민해왔는데, 드디어 인체에 가장 적합한 물을 찾아 나서기로 한 것이다. 그는 무역을 해서 돈이 벌리는 대로 먹는 물 개발에 쏟아부었다. 부산 문현3동에 20평짜리 실험실을 마련하고 가장 좋은 물을 만들어내는 연구를 실시했다.

1991년 그는 일본에 들렀다가 파이(π)수에 대한 이론을 보고 이에 대한 연구에 착수했다. 파이수란 자연산 물 가운데 인체에 가장 적합한 자화활수를 뜻하는 것이다. 이 물은 파이수 이론이 성립된 직후 일본의 한 폐광에서 발견되어 일본의 정수기 업체들이 개발에 나섰으나 일본에서도 최상의 음용수를 개발하는 데는 실패했다.

그는 2년 간 8억 원의 돈을 들여 일본의 기술을 일단 익히는 데 성공했다. 이어 마이크로 필터 개발, 고순도 이온교환 수지개발 등에 온 힘을 기울였다. 연구개발비를 끊임없이 투자하기 시작한 지 4년 만에 드디어 최고수준의 파이수를 만들어냈다. 그는 이 먹는 물의 이름을「슈퍼파이」라고 지었다. 이어 슈퍼파이를 만들 수 있는 정수 시스템을 제작했다. 지금까지의 정수기는 수돗물 등에서 해로운 물질을 걸러내는 것이 대부분이었다. 일부 정수기는 인체에 필요한 미네랄까지 걸러내 오히려 죽은 물을 만들어내는 정수기도 많았다.

그러나 슈퍼파이 정수기는 11단계의 절차를 통과하면서 정수단계를 거쳐 자화수로 바꾸고 다시 활수로 전환시키는 장치가 마련되어 있다. 마이크로 필터와 잔류 유해물질 여과기, 제올라이트, 산소발생층, 페라이트, 마그넷 등 여러 과정을 거쳐 특수 마찰열로 에너지가 살아 있는 활수를 생성시키도록 한 것이 그가 개발한 기술의 핵심이다. 그가 슈퍼파이 개발에 파묻혀 있을 때 주변의 많은 사람들이 그를 말렸다. 이미 선박용품 무역업으로 자리를 충분히 잡았는데, 아직 돈도 되지 않는 정수 시스템 개발에 돈을 들이는 것은 무모하다는 얘기였다. 그러나 김 사장은 물과 자신은 서로 갈라설 수 없는 운명이라며 좋은 물을 만드는 데 계속 투자했다.

이 같은 그의 열정이 사람들의 입과 입으로 전해져 SBS 등 TV 채널을 타게 됐으며 각 기업들도 이 정수 시스템을 도입해갔다. 특히 마산 수출자유지역에 있는 한국소니전자는 하루 3,800명이 마실 수 있는 정수 시스템을 설치한 이후 물맛이 좋아졌다는 호평을 받고 있다. 구미공단에 있는 컴퓨터 모니터 부품업체인 영신사도 이 정수 시스템을 설치하자 이웃 공장에서까지 먹는 물을 구하러 오고 있다. 이밖에도 창원 한서병원을 비롯해 부산 동래식품 등 많은 기관에서 산업체용 정수기를 도입했다.

특히 김치·어묵·두부·음료수 등 식품공장에서는 이 회사의 정수 시스템을 도입한 이후 맛이 좋아졌다며 주문이 늘어나고 있다고 반긴다. 방송인 배한성 씨는 슈퍼파이 수를 마시고 나서부터 10년간 심하게 시달려온 피부건조증이 말끔히 나았다며 동료들에게 이 정수기의 사용을 앞장서서 권하고 있다. 피부질환에 대해서는 여러 임상실험을 거쳐 이 슈퍼파이 수가 좋다는 판정을 받기도 했다. 드디어 물과는 숙명적인 관계를 맺어온 그가 좋은 물을 만드는 시스템을 기업화하는 데 성공을 거둔 셈이다. 배를 타며 외롭게 투쟁하던 정신력이 기업경영에서도 결실을 맺게 된 것이다.

30

이스턴컨설팅 서원교 사장

500년 복식부기를 깬 한국인

복식부기는 오랫동안 세계의 기업들이 가장 애용해온 회계관리기법이다. 베니스의 수학자 루카 파치올리가 개발한 이 방식은 약 500년 동안 개선을 거듭해오면서 최고의 부기방식으로 군림해왔다. 그러나 이 방식이 컴퓨터 정보화시대에 접어들면서 상당한 허점을 드러내기 시작했다. 전통적인 복식부기는 돈의 흐름을 1개월, 1년 등 일정 기간만 체크하거나 분석할 수 있어 현 시점, 즉 실시간(real time) 분석이 불가능한 것이 약점이다.

이런 시기에 지난 500년 간 무너지지 않고 아성을 굳건히 지켜온 복식부기에 도전장을 낸 젊은 기업인이 나타났다. 이스턴컨설팅의 서원교 사장(39세)이 바로 그 장본인이다. 그가 개발해낸 새로운 회계방식의 이름은 활동정보회계(AIA). 그가 개발한 회계방식은 복식부기의 틀을 완전히 깨버린 획기적인 것이다. 실시간 분석을 위해 그동안 미국과 일본에서 매트릭스를 이용한 방법을 여러 번 시도해왔으나, 역시 복식부기의 틀을 벗어나지 못하는 수준이었다. 학계에서도 상업부기를 정보회계 수준으로 끌어올리려는 시도를 여러 번 했으나 답보수준에 머물렀다. 그러나 서 사장은 복식부기의 지원 없이 실시간 회계분석이 가능한 방식을 개발해 업계에서 차츰 바람을 불

복식부기

러일으키기 시작했다.

대우그룹의 대우정보와 무역협회에서도 이 프로그램을 채택한 뒤 놀라워할 정도다. 서 사장은 AIA를 앞세워 세계시장 진출을 서두르고 있다. 서 사장이 개발한 방식은 회계부서가 아닌 현업부서에서도 즉시 회계분석을 해볼 수 있는 것이다. 이른바 경리사원이 아니더라도 현시점에서 PC를 통해 경영분석을 해볼 수 있도록 되어 있다. 서 사장은 복식부기를 사용하지 않고도 복식부기로 할 수 있는 모든 회계처리가 가능한 이 방식을 「회계파괴」라고 부른다. 그는 비봉출판사를 통해 《회계파괴》란 책을 발간했으며, 이를 통해 이 프로그램에 대한 이론적인 근거도 확립해놓은 상태다. 이 책도 잘 팔려 2판을 발간 중이다. 그가 이 회계파괴운동에 뛰어든 데는 특별한 내막이 있다. 연세대 경영학과를 나와 공인회계사가 된 그는 안진회계법인의 호남지사장을 지냈다. 이 때 기업의 컨설팅 업무를 맡으면서 기존의 회계로는 결코 기업의 상태를 충분히 분석해낼 수 없다는 사실을 깨달았다. 7년 간 공인회계사 업무를 맡아오면서 엄청난 과제에 싸움을 걸었다. 「비즈니스 닥터」라는 신규 직업을 스스로 설정하고 기업을 치료할 수 있는 의술을 개발해내기로 마음먹은 것이다.

기업도 하나의 법인으로서 인격을 갖춘 유기체인 데 초점을 맞추어 건강상태와 전망 등을 진단할 수 있는 기법개발에 착수했다. 1990년 전주 중앙동 시티타워 빌딩에 15평짜리 사무실을 얻고 비즈니스 메디컬 센터를 설립한 것이 기업인으로서의 첫걸음이었다. 이 메디컬 센터를 만들면서 기업을 의학적으로 분석하는 방법을 개발하는 데 몰두했다. 그는 이 곳에서 그 동안 모아둔 전 재산을 투자해가며 1년간 개발에 열중했다. 이 과정에서 컴퓨터를 전공한 고종식 이사의 도움을 많이 받았다. 두 사람이 서로 머리를 맞대고 짜낸 프로그램이 바로 이지(EASY)다. 이 소프트웨어를 만들면서 서 사장은 한 가지 확실한 이론을 확립했다. 사람을 진단할 때 맥박·체온·혈압·X선 검사·간기능 검사 등을 통해 건강상태를 알 수 있듯이 기업도 몇 가지의 검사과정을 거치면 현재의 건강상태와 앞으로의 개선방향을 정확하게 알아낼 수 있다는 사실을 습득했다고 서 사장은 밝힌다. 이처럼 기업 건강을 진단하는 방법으로 활용할 수 있는 가장 중요한 기초자료는 역시 회계자료였다. 그러나 복식부기 기장으로서는 결코 초음파 진단기 수준의 분석과 레이저 치료기 정도의 첨단의술을 확보할 수 없다는 판단을 내렸다.

그는 사무실을 서울 역삼동으로 옮기고 활동정보회계 개발을 위한 작업에 착수했다. 그러나 그에게는 세계적인 프로그램을 개발해낼 만한 자금력이 부족했다. 더욱이 미국에서 개발된 퀵북과 매트릭스 어카운팅은 너무나 미흡한 수준이어서 참고할 만한 자료가 거의 없었다. 대학교수들을 찾아다녀 보았지만 자신이 개발하려는 방향은 너무나 혁명적인 것이어서 정확한 판단을 내리기 어렵다는 답변만 들을 수 있었다. 그는 하는 수 없이 스스로 이 모든 실마리를 풀어나가기로 마음먹었다.

인켈을 비롯해 포스데이타 등 40여 기업을 컨설팅해온 자료를 토대로 기업분석기법을 개발했다. 그는 개발과정에서 전문인력들에게 충분한 보수를 주지 못한 것이 늘 가슴 아팠다. 짜장면 몇 그릇으로 허기진 배를 달래며 밤새워 일했다. 어려움 속에서도 이 프로그램만 개발되면 전세계를 놀라게 할 수 있는데다 곧 돈방석에 올라앉을 수 있다는 청사진을 제시했다. 누구 하나 박봉을 불만하기보다는 획기적인 프로그램을 개발한다는 자부심으로 일하기 시작했다.

이들 이스턴컨설팅 소프트웨어 개발팀이 만들어낸 활동정보회계는 해외에서 먼저 반향을 불러일으키고 있다. 다국적기업들이 올해부터 이 프로그램의 활용을 타진해오고 있다. 이미 미국에 특허를 출원하기도 했다. 국내에서도 거산인더스트리 등 30개 기업이 이 회계기법을 채택하기로 결정했다.

서 사장은 여기에 만족하지 않고 이 AIA를 인터넷에 연결하는 작업을 강구 중이다. 현재 그는 해외에 현지법인을 관리해야 하는 기업들이 PC 하나로 기업정보를 얻어낼 수 있는 프로그램을 개발 중에 있다. 아직까지는 기밀사항으로 되어 있는 이 프로그램은 국내 대기업과 공동으로 개발 중인데, 올해 안에는 상품화가 가능할 전망이다. 대기업과 공동개발에 나선 이유는 자금력이 부족하기 때문이다. 앞으로 자금력이 확보되면 이스턴컨설팅은 직접 베이터베이스를 구축해 경영활동정보를 즉시 공급하는 사업에 착수할 방침이다.

그가 AIA를 개발한 뒤 업계에 공급하는 과정에서 요즘처럼 항상 순탄한 길을 걸어온 것만은 아니었다. 그는 주변에서 이 방식을 기존 회계 소프트웨어를 단순히 개선한 프로그램으로 판단해 어떤 기능이 더 첨가되었는지에만 관심을 가질 때 가장 허탈함을 느낀다고 한다. 특히 지금까지는 회계과정에서 절세방법이나 비자금 처리를 할 수 있었으나 이 회계정보를 도입하면 이러한 방법이 불가능해진다며 아예 도입을 기피하는 기업들도 많아 고민이라고 심경을 토로한다.

이 회계기법은 중소기업에서 도입할 경우 엄청난 경비절감효과를 가져올 수 있는데도 인식부족으로 도입을 망설이고 있는 것을 보면 안타깝기 그지없다고 덧붙인다. 더욱이 국세청에서 새로 도입한 회계를 인정해줄 것인지 우려를 나타낼 땐 가슴을 치고 싶을 정도라고 설명한다. 사실 AIA는 매일매일 회사의 손익을 분석해볼 수 있는데다 세무서가 요구하는 자료도 즉시 분석·인쇄되어 월말이나 연말에 경리사원이 야근할 필요가 없다는 것이 장점이다.

서 사장이 이 회계 프로그램 개발을 시작했을 때 많은 선배 회계사나 교수들이 이를 말렸다. 도대체 수백 년 간이나 무너지지 않은 복식부기를 일개 공인회계사가 뜯어 고친다는 것은 어불성설이라는 얘기였다. 그럼에도 불구하고 그는 5년 만에 세계를 놀라게 할 만한 프로그램을 개발해내고 말았다. 이 과정에서 그는 여러 가지 고충을 겪기도 했지만 회사 안에서만큼은 가정적인 따스함을 유지하려고 애썼다. 가족들에게도 어려움을 함께 참아줄 것을 다짐했다.

이런 어려움이 성과를 거둬 이제는 이 상품을 기업체에서 광범위하게 도입할 수 있도록 힘쓰는 것이 최대의 과제로 남았다. 이를 개발하는 과정에서 부수적으로 개발된 비영리기관 회계를 위한 로고스란 프로그램도 경제단체 및 지방자치단체에서 인기를 끌고 있다. 지금까지 비영리법인의 경우 경영분석이 불가능했으나, 로고스 프로그램을 도입하면 예산편성과 경영성과를 실시간으로 분석할 수 있는 것이 특색이다. 서 사장이 개발한 프로그램이 전세계적으로 활용될 날을 기대해본다.

31

·

동성화학 오원석 사장

국내 볼펜 생산 1호, 첨단포장재 개발

오늘날 볼펜은 단돈 100원이면 문방구에서 거뜬히 살 수 있는 가장 실용화된 필기구다. 이 필기구는 플라스틱 사출과정을 거친 외형과 크롬강으로 만든 단단하고 작은 볼이 제품의 요체다. 이 제품은 미국의 한 신문기자가 만년필의 단점을 개선하기 위해 고안해낸 것이라는 일화가 있다. 볼펜은 미국에서 개발되어 우리나라에는 1945년 이후 미군이 진주하면서 소개됐다. 보통 국내 산업사를 살펴보면 1963년부터 국내에서 볼펜을 생산한 것으로 되어 있다. 그러나 이것은 사실과 다르다. 이미 1960년 말부터 국내에서 볼펜을 생산해낸 사람이 있었다. 동성화학의 오원석 사장(62세)이 바로 그다.

오 사장은 1958년 대학을 졸업한 뒤 2년 간 무역회사에서 근무했다. 이 때 그를 눈여겨본 홍콩 거래처의 사장이 하루는 오 사장에게 좋은 아이템이 있으니 한번 사업을 시작해보라고 설득했다. 일단 회사를 그만 다니고 싶었던 그에게 이 설득은 매우 솔깃하게 들렸다. 홍콩 사장의 조언은 볼펜 공장을 한번 차려보라는 거였다. 그는 아직 한국에는 볼펜 수요가 많지 않지만, 이미 전세계의 필기구가 볼펜으로 바뀌는 추세에 있다고 설명했다. 조금은 불안했지만 그는 서울 후암동 현재의 독일문화원 아래쪽에 20평짜리 임대점포를 차리고 사업

을 시작했다.

이 곳에서 오 사장은 볼펜을 만들 수 있는 플라스틱 사출기를 홍콩 회사로부터 들여왔다. 그러나 사출기를 들여놓고 보니 몰드를 제작하는 곳을 찾을 수가 없었다. 하는 수 없이 홍콩의 거래처를 통해 몰드까지 수입해왔다. 이 영세공장을 차리는 데 무려 6개월이 걸렸다. 그런데 제품을 만들어내면서부터 놀라운 일이 일어났다. 상품의 인기가 너무 높아 수요량을 따라갈 수 없을 정도였다. 이 때 부산에 있는 유명 도매상이 찾아왔다. 그 도매상은 부산 지역 볼펜 독점권을 주면 돈은 얼마든지 대주겠다며 자본주가 되어주겠다고 자청해왔다. 도매상은 부산에다 공장을 지을 것도 요구했다. 오 사장은 그 도매상의 돈으로 부산 부민동에 오래 된 가옥을 사서 헐어내고 성도화학이라는 볼펜 공장을 세웠다. 볼펜의 인기는 갈수록 더해갔다.

오 사장은 볼펜 사업을 시작한 지 1년 만에 돈방석에 올라앉았다. 이 때 더 좋은 일이 겹쳤다. 5·16 이후 국내산업을 보호하기 위해 볼펜 완제품에 대한 수입을 규제한다는 발표가 나왔다. 덕분에 성도화학의 볼펜은 날개 돋친 듯 팔려나갔다. 그러나 이런 성황은 오래 가지 않았다.

1963년에 접어들면서 모나미가 대규모 볼펜 공장을 짓기 시작한 것이다. 그는 20대 후반의 젊은 나이에 사업을 시작한 탓인지 대규모 경쟁업체의 출현에 별다른 대비책을 마련하지 못했다. 오 사장은 이 사업을 시작한 지 4년 만에 공장문을 닫기로 했다. 그런데 그가 폐업을 선언하자 이상한 일이 발생했다. 주변에서 공장을 하던 사람들이 우루루 몰려왔다. 그가 볼펜 제작에 쓰던 외제 플라스틱 사출기를 자신에게 팔 것을 요구해왔다. 이 때 그는 국내에서 플라스틱 사출기의 수요가 급격히 늘어나고 있으나, 이를 공급해줄 업체가 없다는 사실을 깨달았다. 오 사장은 사출기 판매를 요구하는 여덟 명의 사장들에게 이 사출기와 꼭같은 성능을 가진 제품을 만들어준다면 사가겠느냐고 질문을 해봤다. 그들은 한결같이 좋다고 응했다.

이 때부터 오 사장은 플라스틱 사출기 사업에 뛰어들었다. 부산 부전동에 동신유압이란 이름을 내걸고 플라스틱 사출기 생산업체를 차렸다. 오 사장은 8개월 만에 외국 제품과 성능이 동일한 제품을 선보였다. 그러자 그 동안 사출기를 필요로 하던 많은 기업들이 한꺼번에 몰려들었다. 그는 최고 1년까지 선금을 받고 물건을 만들어냈다. 공장이 점차 확장되어가자 그는 새로운 고민에 빠졌다. 그는 대학에서 화학을 전공해 플라스틱 분야에서 꼭 큰일을 하고 싶었는데, 플라스틱 사출기를 만들다 보니 자신의 일이 플라스틱 관련업종

이긴 했으나 기계분야로의 사업확장이 요구되는 업종이라는 판단을
내렸다. 그는 당시 공장장에게 자신의 회사를 양도하고 다시 플라스
틱 분야에서 자신이 몰두해 일할 대상을 찾아 나섰다.

미국과 일본에서 장기간 머물면서 앞으로 신산업분야가 어느 방향
으로 진전될 것인지에 대해 살펴보았다. 그는 우리나라 상품의 품질
은 거의 선진국 수준에 다가갔으나 포장이 너무나 뒤떨어진다는 사
실을 캐냈다. 우리나라에서 생산된 제품을 일본에서 가져가 개별 포
장을 한 뒤 비싼값으로 미국에 수출한다는 사실도 알아냈다. 마침 대
우에서 수출용 와이셔츠를 포장할 때 목부분을 포장하는 딱딱한 플
라스틱으로 된 인서트 칼라를 전량 일본에서 수입해 쓴다는 사실을
알아내곤 대우의 당시 구매담당 이사를 찾아갔다. 구매이사는 꼭같
은 제품을 만들어내기만 한다면 언제든지 구매하겠다는 확답을 했
다. 구매이사는 현재 매월 100t의 인서트 칼라를 일본에서 수입해온
다는 애기도 덧붙였다. 이 날부터 오 사장은 인서트 칼라의 개발에
매달렸다. 사실 볼펜 사업을 시작한 이후 그의 모든 사업은 「수입대
체」와 직결되어왔다. 그 동안 수입해오던 제품을 국산화하는 기쁨과
자부심으로 살아왔던 것이다. 따라서 인서트 칼라도 수입대체를 할
수 있다는 자신감을 가지고 덤벼들었다.

먼저 일본으로 건너가 인서트 칼라 공급원과 제조원을 찾아다니며
6개월 간 성형기술을 익혔다. 일본측은 오 사장이 기술자가 아니라
는 사실 때문에 그다지 경계하지 않았다. 그러나 이미 볼펜 사업을
시작하면서부터 직접 기계를 만져온 터라 그는 고급기술자 못지않은
노하우를 지니고 있었다. 그는 한국으로 돌아와 무가소작업으로 인
서트 칼라를 개발하기 위해 온 힘을 쏟았다.

　1973년 동양바이닐을 설립해 부산 반여동에 공장을 만든 뒤 공장 안에서 숙식을 해결하며 6개월 만에 인서트 칼라를 국산화했다. 그는 대우에만 월 150t의 인서트 칼라를 납품했다. 이 사실을 일본측이 눈치채고 각 섬유업체에 덤핑 가격으로 공세를 취해왔다. 다행히 일본측의 덤핑 공세에도 불구하고 국내 섬유업체들은 동양바이닐의 제품을 받아주었다.

　오 사장의 수입대체품 개발은 여기에 그치지 않는다. 그는 신발부품인 아세테이트 셀룰로이드 팁을 비롯해 각종 포장재를 국산화해 오히려 수출상품화했다. 지난 1987년 동성화학을 경기도 평택에 설립하면서부터는 폴리스티렌 슈링크 라벨뿐 아니라 다층 시트 등 첨단포장재를 많이 개발해냈다.

　현재 오 사장은 동성화학·동양바이닐·동일화학 등 세 개의 회사를 가지고 있다. 이제는 전체 매출 가운데 10% 이상을 동남 아시아 및 중국으로 수출하고 있다. 그는 사업을 시작한 이후 35년 간 오직 수입대체품을 개발하는 데 전념해온 셈이다. 그는 무조건 많은 제품을 해외에 내다 파는 것만이 무역적자를 해소하는 길이라고 생각하는 일반 사람들과는 달리, 코페르니쿠스적 발상의 전환을 통해 새로운 기업인의 전형을 개척한 선구자였다.

32

금산산업 한상리 사장

제조업자가 진정한 애국자

등(燈)안정기 전문생산업체인 금산산업은 최근 효율 면에서는 전/자식 등안정기와 동등하면서도 수명이 반영구적인 자기식 안정기를 개발해 양산체제를 갖추었다. 금산산업이 개발한 안정기는 기존제품에 비해 25% 이상 절전효과가 있으며, 전자파가 없는 무소음 제품이다. 경북 고령 쌍림공단 안에 있는 공장에 월 15만 개의 안정기를 생산할 수 있는 설비를 갖췄다. 특히 금산산업은 이 제품을 자사 브랜드로 구보다 및 산덴, 선그로우사에 직수출하고 있다. 또 미국 시장에도 OEM으로 월 10만 개 이상 수출키로 계약을 맺었다. 한 마디로 첨단 기술제품으로 해외에서 충분한 수출시장을 확보하기 시작한 것이다.

그러나 금산산업의 한상리 사장(54세)은 요즘 정부의 국내 중소기업 시책에 대해선 못마땅해한다. 신기술보호정책인 NT마크 제도가 중소기업을 육성하기보다는 오히려 중소기업의 발전을 해치고 있다는 생각에서다. 중소기업청이 이미 일본과 국내에서 충분히 알려진 상식적인 기술에 대해 동종업체에게 NT마크를 내준 뒤 그 업체에 대해서만 관급공사를 도맡아 할 수 있게 보호해주기 때문이다. 중소기업정책이란 여러 중소기업에게 혜택이 돌아가는 것이어야 함에도 불

구하고 특정 업체에 불합리한 특혜를 주는 것은 잘못이라며 관계기
관을 찾아가 강력히 항의하고 있는 중이다.

사실 한 사장은 요즘 들어 7~8년 전만 해도 너무나 좋은 시절이
었다는 생각이 자꾸 든다. 당시 한 사장의 직업은 숙박업소 사장이었
다. 대구에서도 경관이 좋기로 이름난 앞산공원 앞에 일흥장이란 여
관을 운영하는 사장이었다. 게다가 여관에 딸린 고급 레스토랑도 가
지고 있었다. 이들 업소 외에도 그는 꽤 많은 부동산을 지니고 있어
남부러울 게 없는 처지였다. 평일에도 고급승용차를 몰고 인근 팔공
CC에 가서 친구들과 골프를 친 뒤 사우나에 들러 몸을 푸는 등 여유
롭게 소일할 수도 있었다. 계모임 회원들과 돈을 모아 칠곡·군위
등 시외로 나가 건강식품 및 보약을 구해 먹는 데 하루를 보내기도
했다. 지역 유지들과 동남 아시아 여행을 하거나 기부금을 거둬 불우

이웃돕기도 하는 등 참으로 여유 있는 생활을 했었다. 이 같은 느긋한 여유가 하루 아침에 무너진 것은 그가 제조업에 참여하기로 마음 먹으면서부터였다.

1988년 5월 경북 고령 쌍림농공단지에 있는 공장부지를 매입하면서 그는 고생길로 접어들었다. 한 사장이 제조업을 하기로 결심한 것은 숙박업소를 차리기 전 17년 동안 경북도청과 대구시청에서 공무원생활을 한 경력과 한때 레슬링 국가대표 선수였던 경력이 상당히 작용했다. 뭔가 나라를 위해 도움이 될 만한 일을 해보자는 의도에서 제조공장을 짓기로 마음먹었다고 술회한다. 그러나 이 때부터 그가 해온 오직 일관된 일이란 여관에서 번 돈을 공장에다 쏟아붓는 것뿐이었다. 완전히 밑빠진 독에 물붓기식의 일을 계속해야만 했다. 공장 건축 및 플랜트 도입 등에 끊임없이 돈이 들어갔다. 10억 원 이상이 들어가면서부터는 한 푼이 아까워지기 시작했다. 이러다가 그 동안 모아둔 돈 모두를 다 써버리는 것이나 아닌지 불안해지기 시작했다. 결국 숙박업 쪽에서 제조업 쪽으로 가져다 「쳐넣은」 자금은 총 24억 원 정도에 이르게 됐다. 이런 과정에서 여관과 식당에서 나온 현금으로 금산산업 직원들의 월급을 준 적도 있다며 쓴웃음을 짓는다. 돈이 계속 들어가는 것은 제조업을 하기로 한 이상 애초부터 각오한 것이지만, 공장설립 절차가 자꾸 지연되는 데는 도저히 참을 길이 없었다.

부지를 매입하고 건축허가를 얻는 데만 꼬박 2년이 걸렸다. 1990년 1월에야 겨우 건축허가를 취득한 것이다. 더욱이 공장설립을 완료하는 데 걸린 시일은 총 3년 6개월 10일이나 소요됐다. 한 사장은 경북도청 건설과에 오래 근무하면서 포철단지조성에 참여한 경험 덕분에 단지조성 및 공장건설 분야에는 비교적 밝은 편이었다. 하천법을 비롯해 건축법 등도 익히 알고 있었다. 그럼에도 불구하고 정부가 지정하고 지방자치단체가 추진하는 농공단지에 공장을 설립하는 데 이렇게 시일이 걸리는 데는 분통이 터져 밤잠을 이룰 수가 없었다. 그나마 관련공무원들과 안면이 많아 다른 사람들보다 일을 쉽게 추진했는데도 그렇게 많은 시간이 걸린 것이다. 설비도입 단계에 접어들자 그는 더욱 초조해져 미칠 지경이었다.

일본 니토크사로부터 자동권선기를 도입해오고 선글로 전기에서 플랜트를 들여오는 데 다시 1년이란 세월을 보내야 했다. 통관지연을 해결하기 위해 관계공무원들과 싸움깨나 벌이기도 했다. 1991년 11월 말 드디어 공장설립을 완료하고 본격 생산에 들어갔다. 금산산업이 개발·생산하는 형광등 안정기는 전자식보다 잡음이 적은데다 값도 싸서 수요가 예상보다 빠른 속도로 늘기 시작했다. 이 때서야 제조업을 영위하는 기업인으로서의 가슴 뿌듯함을 느낄 수 있었다. 그러나 이러한 영광도 잠시뿐이었다. 너무나 어처구니없는 일이 발생했다. 가동 3개월 만에 신축공장이 화마에 휩싸인 것이다. 옆 공장에서 포장용으로 쓰기 위해 가져다 놓은 부직포에 담뱃불이 옮겨 붙어 순식간에 설비를 잿더미로 만든 것이다.

한 사장은 대장부로 태어나 이 때 처음으로 쓴 눈물을 흘렸다. 한 달 가까이 타고 남은 재를 묻혀가며 깜둥이가 된 얼굴로 밤낮없이 일했다. 그러나 다행스러운 것은 화재가 나고부터 재고가 달리자 오히려 주문이 두 배로 늘어나기 시작했다. 화재를 당하고 나면 장사가 더 잘 된다는 미신이 그대로 맞아 떨어졌다. 다른 지방에 있는 거래처에게는 화재 사실을 알리지 않고 주문이 너무 밀려 사정이 어렵다면서 1개월만 기다려줄 것을 요청하기도 했다. 보험처리가 신속히 이뤄져 화재로 인한 손해를 복구하는 데는 두 달밖에 걸리지 않았다.

　현재 안정기를 월간 60만 개 이상 생산하는 1,000평 규모의 이 회사 공장 안에 들어서면 완전 자동화된 기계들이 끊임없이 굉음을 내며 돌아가는 현장을 볼 수 있다. 얼마 전엔 독일 업체에서 찾아와 공장을 둘러본 뒤 설비 및 품질이 세계적인 수준이라고 감탄하며 첨단 조명기구인 메탈 하이라이트 램프용 안정기를 공급해줄 것을 요청했다. 한 사장은 과감한 기술개발투자로 전기식 안정기이면서도 전자식만큼 빠른 속도로 불이 켜지는 안정기를 개발하는 등 다섯 가지의 신기술도 개발해냈다.

　한 사장은 『납품처나 금융기관 사람들에게 굽신거려야 하는 처지를 생각하면 제조업을 시작한 것이 여전히 후회가 되지만, 공장 안에 들어가 자동화 컨베이어에 실려가는 제품을 쳐다보면 금세 기분이 풀립니다』라며 함박웃음을 터뜨린다. 제조업에 손댄「바보스러움」이 이 때만큼은 자랑스러워지기도 한다고 덧붙인다. 제조업을 영위하는 사람이야말로 진정한 애국자일 거라며 겸연쩍어한다. 그렇지만 정부의 중소기업 시책만큼은 현실을 제대로 반영하는 방향으로 개선돼야 한다고 거듭 힘주어 말한다.

33
·

한영시스템 한재열 회장

중소기업국장 출신 중소기업인

한재열 한영시스템 회장(67세)은 중소기업의 정책입안 및 지원분야에서 거의 30년 간 공직생활을 해온 기업인이다.

그는 중소기업과 관련된 기관은 거의 다 거쳤다. 지난 1961년 경제기획원 사무관으로 출발해 경제기획원과 통산부의 알짜배기 자리를 두루 거쳤다. 통상산업부 중소기업국장을 지냈으며 공업진흥청 차장을 역임했다. 또 중소기협중앙회 상근 부회장을 오랫동안 맡기도 했다. 그런 뒤에야 중소기업을 직접 경영하고 있다. 금융발전심의위원회 위원을 비롯해 중소기업발전민간협의회장 등 정책심의위원 직책만 해도 무려 23가지를 맡았다.

국민훈장·산업훈장 등도 여러 번 받았다. 《중소기업 재인식》이란 책을 쓰기도 했으며, 대학에서 강의도 맡았다. 그가 중소기업 분야에서 해보지 않은 일은 오직 기업을 창업해 직접 경영해보는 것이라는 생각이 들자 60세의 나이와 주위의 만류를 무릅쓰고 창업의 길로 들어섰다.

뒤늦게 그가 사업을 시작하려 하자 대기업에서 전문경영인으로 와줄 것을 요청하는가 하면 중소기업 관련기관에서 이사장 자리를 맡아줄 것을 요청하기도 했다. 그러나 그는 이 같은 요청을 뿌리쳤다.

한 회장은 실전에서 창업경험을 해보기로 마음먹고 이를 실행했다.

일단 중소기업 전산화사업에 손을 대기로 하고 1990년 2월 서울 마포구 성산동 114의 13에 있는 빌딩 2개 층을 임대했다.

지하층에는 IBM AS400 등 전산 시스템을 도입하고 위층은 중소기업전용 소프트웨어 개발실을 차렸다. 전산업을 시작한 까닭은 중소기협중앙회 부회장을 맡았을 때 중소기업의 전산화 방안 입안작업에 참여한 경험이 있었기 때문이다.

창업을 한 뒤 6개월 만에 중소기업이 활용할 수 있는 회계 및 판매·인사관리를 할 수 있는 소프트웨어를 개발했다. 개발은 끝났으나 판로가 문제였다. 그 동안 귀동냥으로만 듣던 중소기업의 애로사항이 이제는 현실로 다가왔다.

컴퓨터에 대한 중소기업들의 인식 부족으로 소프트웨어 패키지 판매는 부진을 면치 못했다. 전산설비 도입에서부터 기술지도까지 해줬는데도 전문인력의 이직현상으로 가동이 중단되는 사례가 적지 않았다.

거의 2년 간을 적자에 허덕였다. 감당하기 힘들었다. 중소기업을 직접 경영해보기로 한 욕심(?)에 대해 후회하기도 했다.

한 회장은 전산 패키지 개발만으로는 적자를 탈피하기 어렵다는 판단을 내리고, 이와 관련된 사업인 초고속 레이저 인쇄사업에 참여하기로 결정했다. 이른바 사업다각화에 나섰다.

초고속 레이저 인쇄사업은 전산설비를 갖춘 업체의 경우 설비도입 비용을 크게 줄일 수 있다는 점에 착안을 한 것이다. 먼저 SX6300 레이저 인쇄기를 도입했다. 이는 분당 1만 4,000줄을 인쇄할 수 있는 초고속 인쇄기로서 민간기업에서는 처음 도입하는 것이었다. 이 설비의 도입으로 매출이 차츰 늘어나기 시작했다.

요즘 BC카드, LG카드, 현대자동차 할부판매용지 등 50여 가지의 대금 청구서가 바로 이 회사의 고속 프린터로 인쇄되어 배달되고 있다. 이 레이저 인쇄사업에 힘입어 유니시스 컴퓨터 등 20대의 전산설비를 추가로 도입했다. 이어 중소기업협동조합 전용 소프트웨어를 개발했다.

지금까지 중소기업용 시스템은 많이 개발되어 있었으나 협동조합 전용 시스템은 이것이 처음이었다. 이 시스템은 협동조합 특유의 업무인 회원관리를 비롯해 공동구매사업과 공동판매사업 등을 관리할 수 있도록 배려했다. 이 시스템은 각 협동조합들에게 열띤 호응을 받았다.

먼저 인천에 있는 경인주물단지 협동조합에서 이를 채택했다. 이 곳에 입주해 있는 진흥기업, 풍전금속, 금남주철 등 10개 업체는 공동으로 이 전산 시스템을 도입했다. 이어 금속가구공업협동조합, 기계연합회, 아스콘조합, 조선공업협동조합, 과학기기협동조합 등 여러 조합에서 이를 도입했다.

특히 중소기업협동조합중앙회와 전기공업협동조합이 협약을 맺어 동일업종 간 일련의 작업을 공유할 수 있는 프로그램화 작업에 참여해 보급하는 성과도 거두었다. 유니버설 소프트웨어란 이름으로 개발된 이 프로그램은 전기 수·배전반 업체들이 공동으로 채택했다. 이는 어음관리를 비롯해 생산관리 등 11개 업무를 시스템화한 것이다. 여기에는 대구의 보성전기, 안산의 동방공업, 서울의 조일상업, 양산의 대흥전기 등이 참여했다.

이 협동조합용 소프트웨어는 우리나라 중소기업협동조합운동을 지원하는 측면에서는 보람이 있었으나 경영측면에서는 그다지 이익이 남지 않았다. 그러나 초고속 레이저 인쇄사업은 해가 갈수록 번창했다. 무엇보다 경쟁입찰을 통해 데이콤으로부터 시외전화 대금청구서 발행업무를 전담하게 된 것이 큰 힘으로 작용했다.

시외통화 레이저 프린팅 업무를 맡으면서 한 회장은 사업을 크게 확장했다. 1분에 1만 4,000줄을 인쇄할 수 있는 레이저 프린터 다섯 대를 더 도입했다. 이를 위해 10억 원을 투자했다. 데이콤으로부터는 레이저 프린팅 업무 외에 이를 발송하는 DM 업무까지 담당하게 됐다.

공직을 그만둔 지 6년 만에 드디어 중소기업인으로서 당당한 위치를 확보한 셈이다. 한 회장으로서는 많은 돈을 벌기보다는 우리나라 중소기업이 과연 비윤리적인 방법을 쓰지 않고도 성공을 거둘 수 있는지를 확인하고 싶었다.

남들보다 늦게 시작한 사업이 이제야 성공을 거둔 것이었다. 2년간 적자에 허덕이는 심한 고충을 받긴 했으나 이론과 실제를 모두 겸비한 인물로 꼽히게 되었다.

여기에 자신을 얻은 한 회장은 앞으로 한영시스템의 업무와 함께 우리나라 중소기업의 정책입안 자문에도 적극 나설 계획이다. 이 가운데서도 창업지원에 관해서는 계속 정보를 제공하겠다는 각오를 다지고 있다.

미국 조지워싱턴 대학 경영대학을 졸업한 한 회장은 미국에서 공부할 때 미국중소기업청(SBA)의 역할에 대해 많은 관심을 가졌다.

미국 중소기업청은 각 주에 지청을 두고 있으면서 매년 50억 달러를 지원하는데, 이 자금 중 대부분이 창업부문에 지원되는 것을 보고 그는 무척 놀랐다.

SBA가 창업지원에 가장 중점을 두는 이유는 고용창출 때문이다. 그는 중소기업의 사회적 역할은 고용창출임에도 불구하고, 우리나라 중소기업정책은 고용창출 부문의 기여에 너무 등한시 한다고 지적한다.

중소기업 창업촉진을 통한 고부가가치 분야의 고용창출은 인력난과는 별개의 문제이자 국가경쟁력을 튼튼하게 만드는 밑거름이 된다고 거듭 강조한다.

중 소 기 업 인

34

·

세우 박해술 사장

고압 파이프 개발에 목숨을 걸었다

고압강관 파이프 생산업체인 세우의 박해술 사장(53세)은 1992년 초 기술제휴를 위해 일본의 제프로사를 찾았다. 공장을 둘러본 뒤 제프로의 사장과 영업부장 등 관계자들과 저녁식사를 하기로 했다.

그러나 그는 첫술도 뜨기 전에 심한 복통을 일으켜 쓰러져 병원에 실려갔다. 병명은 급성 췌장염이었다. 암으로 전이되었는지는 정밀검사를 받아야 한다는 진단을 받았다.

그러나 박 사장은 밀린 일이 많다며 이튿날 서울로 돌아갈 준비를 했다. 제프로측에서는 당분간 쉬었다가 갈 것을 요청했으나 이를 뿌리치고 공항으로 향했다.

공항으로 가는 열차에 올라타자 다시 심한 통증이 몰려왔다. 고통이 얼마나 심했는지 열차에서 뛰어내려 자살을 하고 싶을 정도였다. 서울에 도착하자 가족에게 알리지도 않은 채 곧장 고려병원으로 향했다. 진단결과는 암 초기증세라는 것이었다.

박 사장은 이 날부터 스스로 상식에 벗어난 판단을 내린다. 더 이상 입원을 하지 않기로 한 것이다. 「사람이 죽고 사는 일은 신이 하는 일이다」라며 죽는 날까지 현장에서 힘껏 일하다 쓰러지겠다는 결심을 했다.

  그는 각서를 쓰고 2주일 만에 퇴원했다. 기업인이라면 경영현장에서 죽는 것만큼 떳떳한 일이 어디 있겠느냐고 마음을 굳혔다.

  그러나 이후 4년이 다 되어가지만 박 사장은 공장과 거래처를 뛰어다니며 바쁘게 일하고 있다. 그의 모습도 건강해보인다. 박 사장은 암 선고를 받았던 사실을 좀체로 남에게 얘기하지 않는다. 아무도 잘 믿어주지 않기 때문이다.

  3년 전 경남 진주 상평동에 있는 세우의 강관 파이프 공장으로 처음 박 사장을 찾아갔을 때 나는 상당히 당혹스러웠다. 수위가 안내해주는 대로 사장실을 찾아갔으나 사장실을 발견할 수 없었다. 분명히 전무이사실은 있었으나 사장실은 찾을 수 없었다. 전무이사실 문을 두들겨 사장실을 안내해달라고 부탁했다. 여직원이 『사장님은 지금 공장에 계시니 그 자리에서 기다리면 사장님을 찾아드리겠다』라며 전화연락을 취했다.

잠시 후 박 사장이 이마에 땀을 훔치며 뛰어왔다. 전무이사실을 나와 사장실을 갔을 땐 또 놀랐다. 말이 사장실일 뿐, 명패에는 소회의실이라고 붙어 있고 너무나 비좁았다. 3평 남짓한 공간에 의자는 단한 개도 없었다. 방 한가운데 서서 회의를 할 수 있는 다리가 긴 책상만 하나 놓여 있었다.

박 사장은 「롱다리 책상」을 가리키며 『앉아서 회의를 하면 회의가 길어져서…』라고 설명했다.

결국 이 회사 안에 사장실은 없는 셈이다. 물론 사장실이 없는 것은 사무실이 좁기 때문만은 아닌 게 확실했다. 세우정밀은 지난 연초 경남 사천 삼성항공으로 들어가는 도로 왼쪽에 있는 사남농공단지에 대지 3,100평 건평 1,000평의 공장에 넓은 사무실을 갖췄지만 여기에도 사장실은 없기 때문이다.

1985년 진주에서 농기계 부품업체로 창업을 했을 땐 이 회사에도 분명히 사장실이 있었다고 한다. 그런데 1992년 갑자기 사장실을 없앴다는 것이다.

왜 사장실을 없앴느냐는 질문에 박 사장은 『중견기업 사장이 도대체 가만이 앉아 있을 틈이 어디 있느냐?』라고 되받을 뿐 분명한 사유를 설명하진 않는다. 사장실을 없앤 시기가 췌장암 선고를 받은 시점 및 첫 적자를 낸 시점과 일치한다는 점을 쉽게 알 수 있었다. 이때부터 그는 서서 일하기로 마음먹은 것 같았다.

처음 사장실을 없애자 간부사원들이 사장 결재를 제때 받지 못해 쩔쩔맸다. 그러나 이 방식은 예상외의 성과를 안겨주었다. 사장실을 없애면서 사원은 앉아 있고, 사장은 서서 결재를 하게 됐다. 사장이 앉아 있고 사원이 서 있는 일반적인 기업과 상황이 거꾸로 된 것이다. 그러자 사장을 권위적으로 바라보던 직원들의 인식이 바뀌기 시작했다.

따라서 사원들이 사장에게 자유로이 의사를 전달하는 풍토가 이뤄졌다. 사원들의 아이디어가 자연스레 속출했다. cm^2당 750kg의 고압에도 견딜 수 있는 강관 파이프를 국산화한 것도 기술팀의 자연스런 제안 덕분이다. 이 파이프는 삼성중공업, 동양물산기업, 수산중공업 등에서 생산하는 특장장비 부품인 유압 파이프로 납품되고 있다.

그런데 사장실을 없애자 사장에게 손님이 찾아왔을 때는 문제가 일어났다. 식사할 때를 제외하곤 잠시도 앉아 있지 않는 사장을 쉽게 찾을 수가 없었다. 당연히 사장의 손에 핸드폰이 쥐어졌다.

공장설비를 일방통행으로 바꾸는 착안을 하는 계기도 마련됐다. 입구와 출구가 한 방향에 있는 U턴형 일방통행공정을 만들기로 한 것이다. 현재 사천공장에서 입구로 들어간 사장을 만나려면 출구에서 거꾸로 가면 꼭 만나게 된다. 고압 파이프를 생산하는 공정을 U턴형으로 바꾸자 공장자동화가 한결 쉬워졌다. 절단작업에서 벤딩·티그 용접·도장 등 일련의 제조공정이 자동화되어가고 있다.

덕택에 중소기업진흥공단으로부터 자동화 모범업체로 선정됐다. 이 회사는 그 동안 일본의 제프로로부터 기술을 도입해왔으나, 이제는 오히려 일본의 기술제휴선인 제프로에 월 1,000만 엔 정도의 고압 파이프와 플랜지를 역수출하는 업체로 성장했다. 그 동안 힘써온 기술개발이 일본에서도 인정받은 것이다.

박 사장은 어엿한 중견 기업인으로 성장했지만 아직까지도 전셋집에서 산다. 최근 사천공장으로 본사를 이전해오기 전만 해도 공장 2

층에 살림집을 차리고 살았다. 밤에는 경비가 되어 회사와 공장을 지키는 일을 했다. 사원들이 야근을 하는 날이면 사장집은 구내식당이 되어 야식을 제공했다.

사장이 사는 모습이 사원들에게 그대로 노출되어 있어 식구들끼리 외식도 한번 못 해봤다. 일요일에도 마음놓고 쉬지 못했다. 한번도 가족끼리 여름휴가를 떠나지 못했다.

직원들이 집을 마련하기 위해 보증을 서달라면 서슴없이 서줬지만 정작 사장 자신은 아직도 집 한 칸 마련하지 못한 상태다. 이런 어려움 속에서도 불평없이 자신을 따라주는 아내에게 고맙게 생각한다는 그는 공장 기계소리 때문에 스티로폴을 붙인 좁아터진 방에서 공부하면서도 탈없이 대학에 진학해준 아들도 대견하다고 말한다.

박 사장은 전 직원을 몇 달 간씩 일본에 연수시키는 것을 목표로 세우고 이를 추진 중이다. 그가 전 직원 일본 연수를 계획한 것은 선진국 공장을 한번씩 둘러볼 때마다 적어도 몇 가지 기술문제를 늘 해결할 수 있는 기회를 가졌던 자신의 현장경험에서 비롯되었다.

사실 파이프의 도장공정도 일본의 부품생산업체를 방문한 뒤 힌트를 얻어 만든 것이라고 토로한다. 연수비용은 기술도입비를 절감할 뿐 아니라 사내 기술축적에 이바지한다는 사실을 알게 된 뒤부터 일본 연수를 더욱 확대하고 있다. 1993년부터 실시한 이 제도를 통해 기술직 사원 가운데 절반인 50여 명이 이미 연수를 받았다. 이들이 주축이 되어 이미 선진국 기술수준인 cm^2당 900kg의 압력에도 견딜 수 있는 고성능 파이프도 개발해내게 됐다. 이 기술의 핵심은 용접부분의 강도를 높이는 것이었는데, 연수기술자들의 눈썰미를 종합해 첨단기술을 자체 개발하는 개가를 올린 것이었다.

사원들에 대한 이러한 배려는 회사를 더욱 화목하게 만들었다. 이 회사는 사석에서조차 서로 흉을 보는 일이 좀체로 없다고 한다.

박 사장은 최근 항공기 부품분야에 참여하면서부터 더욱 바빠졌다. 이미 항공기 유압 라인 및 연료공급 라인을 개발해 대한항공에 납품했다. 곧 다른 항공기 제작회사와도 납품계약을 맺을 예정이다. 그는 이를 위해 오늘도 동분서주한다.

산뜻한 자동화 설비를 갖춘 세우의 사천공장을 둘러보면 박 사장도 이제 여유를 가지고 쉬어가며 일해도 될 듯 보인다. 그러나 그는 전보다 더욱 바빠져만 간다. 너무 바쁜 그에겐 암세포도 자랄 틈이 없는 모양이다.

35
·

현대그린 이광재 사장

맨손으로 시작한 건강기기 대부

　요즘 대형 백화점에 나가보면 어느 곳에나 안마기 매장을 볼 수 있다. 이들은 대부분이 현대그린의 안마기 매장이다.

　이제 현대그린의 안마기는 건강기기의 대명사가 되어가고 있다. 이처럼 전국적인 매장을 가지고 있는 현대그린의 이광재 사장도 한때는 완전히 무일푼이었다. 그는 완전한 빈털털이 상태에서 단 두 달 만에 중소기업 사장으로 떠오른 보기 드문 인물이다.

　1991년 어느 날 2년 동안의 실업자 생활로 끼니조차 잇기 어려운 이 사장에게 오랫동안 만나지 못했던 고향 친구가 찾아왔다. 한 달에 8만 원씩 내는 단칸방 월세를 내지 못해 전전긍긍하는 이 사장에게 그 고향 친구는 『요즘 건강기기 세일즈를 하면 잘 된다던데…』라는 말을 던진다.

　이 말에 솔깃해진 그는 1970년대 초 한때 영업사원으로 각종 생필품을 팔고 다녔던 기억을 더듬어 청계천과 성수동 일대의 건강기기 업체를 모두 찾아나섰다. 그는 이 때 철저한 시장조사 끝에 국산 전기식 발 안마기를 발견하고 쾌재를 부른다. 이 정도 상품이라면 잘 팔 수 있겠다 싶어 자신이 생겼다.

　그러나 생산업체와 세일즈 계약을 맺고 보니 마땅한 판매 장소를

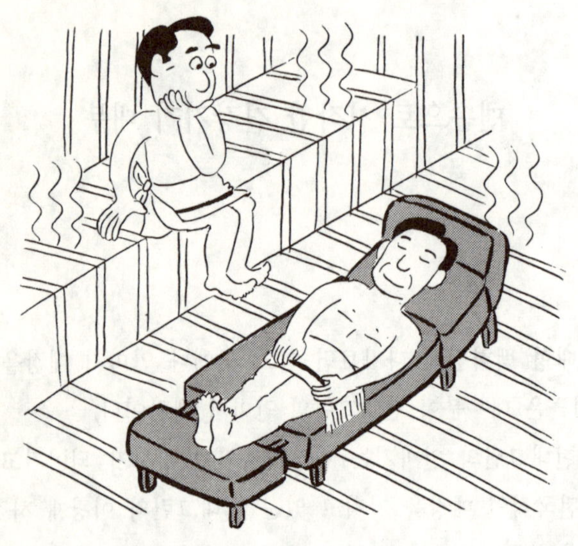

찾을 수 없었다. 며칠 간의 고민 끝에 서울 시내 유명 사우나에서 상품을 팔아보기로 했다.

그가 첫 장소로 정한 곳은 여의도 63빌딩 지하에 있는 「63사우나」였다. 일단 이 곳을 찾아가 탈의실 귀퉁이에서 건강기기를 판매할 수 있는 허락을 받아냈다. 1991년 4월16일. 이 날은 이 사장이 정전기식 수처리 회사를 다니다 그만둔 뒤 2년 만에 직장을 새로 얻은 날이다.

새벽 5시, 사우나 개장과 동시에 그는 발 안마기 10대와 안마용 의자 2개를 갖고 가 탈의실 모퉁이에다 진열해놓고 손님들이 찾아와 주길 기다렸다. 그러나 영업 첫날 고객들은 안마기에 대한 질문을 던지거나 안마기에 발을 얹고 시험가동만 해볼 뿐이었다.

고객들은 『아, 시원하다』라는 말만 남길 뿐 선뜻 구입하겠다는 사람은 없었다. 다음날도 역시 새벽 5시에 나갔다. 열심히 상품에 대한 설명을 해댔다.

이튿날 그는 처음으로 발안마기 다섯 대를 팔았다. 밤늦게 집으로 돌아오는 길은 그야말로 천상으로 향하는 듯이 가뿐했다. 그러나 왠지 자꾸만 눈물이 고이는 것을 참을 길이 없었다.

셋째 날은 무려 10대를 판다. 4월 한 달 동안 그는 총 120대의 안마기를 판매했다. 이 63사우나에는 유명한 분들이 많이 찾아오는 편이어서 그분들에게 안마기를 안내하면 백발백중이었다.

둘째 달에는 판매장소를 서교호텔 사우나와 올림피아호텔 사우나로 넓혀가면서 600대의 판매실적을 올렸다. 당시 이 안마기 1대를 팔면 약 3만 원 정도가 남았다. 그는 2개월 동안 무려 2,000만 원의 돈을 번 셈이었다.

그는 이 때 안마기 판매를 기업화하기로 다짐했다. 번 돈을 고스란히 투자해 마포 가든호텔 뒤 근신빌딩에 16평 규모의 사무실을 내고 (주)현대교역이란 상호로 기업을 차렸다. 빈털털이 실업자가 두 달 만에 어엿한 사장이 된 것이다. 영업 및 관리직원 14명으로 서울 시내 각급 호텔사우나 등 25군데에 이른바 영업장을 차렸다. 이후 이 사장의 판매회사는 8개월 정도 대단한 호황을 누렸다.

그러나 제조업체가 내부 사정으로 도산을 한데다 독일 바이텍사로부터의 안마기 수입이 중단됨에 따라 사업은 심한 침체기를 걷기 시작했다. 슬럼프가 계속되자 이 사장은 그 동안 마음에 둬오던 지압형 안마기기 제조회사를 설립할 계획을 세웠다.

그러나 이 지압형 안마기를 설계해놓고 보니 금형을 만드는 데만 해도 약 1억 9,000만 원의 비용이 소요된다는 사실을 알았다.

다시 철저한 시장조사 과정에서 대전 대흥동에 있는 건강기기 메이커가 일본에서 제작한 안마기 금형을 헐값에 내놓은 것을 발견했다. 그가 이 금형을 구입해 망우리에 200평 규모의 공장을 세운 것은 1992년 5월의 일이다. 안마기의 브랜드를 「바이오 안마손」으로 정하고 롯데, 미도파, 신세계, 현대 등 서울시내 15개 백화점에 직매장을 냈다. 구리시에 신공장도 설립하고 김포에 전자밥솥 등 전자주방용품 공장을 완공했다.

이 사장은 그 동안 모은 돈으로 사회사업에도 힘을 쏟고 있다. 사회의 그늘진 곳곳을 안마해주자는 것이 그의 작은 소망이다.

36
·

대양바이오테크 서정원 사장

공무원 생활 마다한 수질처리 교수님

서울 동대문구 전농동에 있는 대양바이오테크의 사무실을 처음 찾아갔을 땐 정말 의아했다. 「이거 잘못 찾아 들어온 거 아닌가?」문을 열고 들어서는데 사무실 분위기가 아니라, 도서관 또는 연구실 같은 느낌이 들었다.

반갑게 맞아주는 서정원 사장(43세)을 확인하고서야 바로 찾아왔다는 확신이 섰다. 서 사장의 사무실에는 각국에서 수집해온 폐수처리에 관한 책자와 자료로 가득했다.

서 사장은 우리나라 수질처리 분야에서는 가장 잘 알려진 해결사(?)다. 아직까지 서 사장만큼 열심히 공부하고 연구하는 학자형 기업인은 만나보지 못했다. 실제 서 사장은 스스로 개발한 노하우를 대학과 관계기관에 나가 끊임없이 강의를 하며 홍보하는 데 힘을 쏟고있다. 중소기업연수원을 비롯해 무역협회 및 여러 대학 등에서 수처리 강의를 맡고 있다.

신흥 전문대에서는 수처리과목 정식 교수이기도 하다. 그가 사업에 무척이나 바쁜 가운데서도 강의를 담당하는 까닭은 대규모 투자로 건설된 여러 폐수처리장이 제 구실을 못 하는 현실을 안타깝게 생각하기 때문이다.

『국내에서 200억 원을 들여 지은 설비가 20억 원의 구실을 하면 괜찮은 편입니다.』그는 우리의 수처리 운용 기술에 새 바람이 불어야 한다고 거듭 강조한다. 요즘 그린 라운드의 본격 실시를 앞두고 기업과 지방자치단체 등에서는 환경설비투자를 크게 확대하고 있다. 지방자치단체별로 200억 원 이상을 투자해 하수종말처리장을 만드느라 한창이다. 기업들도 폐수처리시설을 마련하느라 50억 원 이상의 자금을 들이기도 한다. 그러나 이런 환경설비가 제대로 운용되지 못해 투자효과를 얻지 못하는 경우가 흔하다.

중소기업에서 몇억 원짜리 컴퓨터를 도입해놓고도 이를 운용할 인력과 기술이 없어 10%도 활용하지 못한 채 전시품으로 전락하는 사례와 비슷한 일이 환경설비 분야에서도 나타나고 있다.

몇백억 원을 들여 만든 폐수정화설비가 제 기능을 발휘하지 못하

는 이유는 무엇인가? 서 사장은 『아직까지 국내에서는 폐수처리설
비, 즉 하드웨어를 건설하는 기술은 충분히 확립되었지만 폐수처리
를 위한 측정분석을 비롯해 시운전 등에 대한 노하우가 너무나 부족
하기 때문이다』라고 지적한다.

서 사장은 이 같은 문제점을 해결하기 위해 이 폐수처리 분야에
과감하게 뛰어든 기업인이다. 그는 이미 10여 년 전부터 이런 분야
가 꼭 필요해질 것이라는 확신으로 끊임없이 연구개발을 해왔다.

서 사장이 환경분야와 인연을 가진 것은 1973년부터다. 무려 23년
전의 일이다. 1973년 공무원 시험에 합격해 서울 공항동에서 환경업
무를 맡으면서부터 환경분야가 앞으로는 산업분야의 핵심이 될 것이
라는 점을 예감했다.

특히 1979년 서울시청 수질처리 분야에서 일하면서부터는 폐수처
리가 도시의 쾌적한 삶의 질 유지에 가장 필수적인 분야가 될 것이라
는 점을 확신하고 이 일에 매달렸다.

그는 1986년 6월 수질처리 분야에서 사업을 하기로 마음먹고 창업
에 나섰다. 그러나 창업을 하겠다는 애기가 나오자 아버지가 극구 말
렸다.

가장 안정된 공무원 생활을 왜 그만두느냐라며 한사코 만류했다.
가족들도 마찬가지였다.

그러나 폐수처리 분야는 앞으로도 더욱 시급히 해결해나가야 할
문제라는 점을 절감한 까닭에 사표를 던졌다. 서울시도 그의 사표를
수리하지 않고 계속 되돌아올 것을 종용했다.

서 사장은 이런 여러 가지 만류에도 단호했다. 공무원 생활 13년
간의 퇴직금 900만 원 중 400만 원을 결혼자금으로 쓰고, 나머지

500만 원을 들여 사무실을 얻었다.

그가 처음 사업을 시작한 곳은 동대문구 전농동에 있는 5평짜리 사무실이었다. 여직원 한 명으로 창업을 했을 땐 불안감에 사로잡히기도 했다.

부모님과 함께 살아야 하는 그로서는, 사실 모험보다는 안정이 더 절실했다. 그러나 그는 모험을 감행했다. 이 때 고려기공 최태원 사장의 조언이 큰 도움이 됐다.

최 사장은 서 사장과 서울시 화공과에 함께 근무하다 먼저 건설업체를 차려 독립했었다. 서 사장은 최 사장을 찾아가 이런 아이템으로 사업을 하고 싶다고 말했다.

최 사장의 답변은 간단했다. 『일단 나와서 사업을 시작해봐라. 남의 일을 시키는 대로 해야 하는 공무원보다는 훨씬 낫다. 열심히 일하면 충분히 성공할 수 있다.』 공무원으로 함께 일하면서 서 사장의 부지런함을 눈여겨본 최 사장은 창업을 하면 틀림없이 성공할 거라며 격려했다.

이어 최 사장은 가락동에 자신이 건설한 축협서울공판장 폐수처리장의 시운전용역을 맡겨주겠다고 약속했다. 덕분에 서 사장은 창업을 하자마자 첫 용역을 따낼 수 있었다. 서 사장은 이 때부터 전국의 신설 폐수처리장을 찾아다니며, 이를 효율적으로 운용할 수 있게 해주는 사업을 폈다.

미생물을 배양시켜 수질을 개선하는 기술을 비롯해 수질측정 분석, 폐수처리장 기술자 교육훈련, 폐수처리관련 연구용역 등 지금까지 알려지지 않은 사업분야를 부단히 개척해나갔다.

그는 애초에 공무원 신분으로 폐수처리 분야에 뛰어들었지만 단순히 사업을 확장해 돈을 벌기보다는 뒤떨어진 폐수처리 기술을 선진국 수준으로 끌어올리는 데 더 많은 투자를 했다.

대양바이오테크는 1992년 삼성종합건설이 용인에 건립한 하수종말처리장을 시운전해주면서부터 본격적인 궤도에 올랐다.

삼성종합건설과의 만남도 역시 수처리분야 강의를 하면서 얻은 결실이다. 1992년 초 수원 상공회의소에서 수처리분야 특강을 실시했는데 이 곳에 삼성종합건설의 직원 다섯 명이 참석했었다.

이들은 강의가 끝나자 자신들은 용인 하수처리장의 공사만 했지 이를 운용하는 기술은 충분치 않다고 고백했다. 그들은 일단 서울 삼성본관에 있는 삼성종합건설로 찾아와줄 것을 요청했다. 이후부터 서 사장은 삼성전자, 삼성물산 등 삼성그룹에서 건설한 하수처리장의 운용용역을 모두 맡았다. 이어 현대건설이 설립한 공주 하수처리장을 비롯해 주식회사 태영이 건립한 동두천 하수처리장 등의 시운전을 담당하면서부터 사세가 급속히 늘어났다.

대양바이오테크는 현재 기술용역업체로는 드물게 고급 기술인력 20명으로 구성된 회사로 성장했다. 그러나 그가 계속 이렇게 순탄하게만 성장한 것은 결코 아니었다. 1991년 2월 그는 엄청난 고초를 당했다.

그가 평소 아끼던 직원이 업무차 출장 갔다가 천안에서 교통사고를 당해 사망하는 사건이 터진 것이다. 그는 신흥 전문대학 교수로서 매년 자신이 가르친 학생 중에 능력 있고 노력하는 학생 두 명을 뽑아 채용해왔다.

교통사고로 사망한 직원도 이런 기준으로 입사시킨 직원이었다. 서 사장은 그의 사망에 대해 자책감을 가눌 수 없었다. 서 사장은

「내가 그를 선택하지 않았더라면…」이라는 마음 때문에 수없이 눈물을 흘렸다.

이 때부터 그는 일반 제조업체와 달리 기술용역업체는 인력이 가장 큰 재산이라는 점을 뼈저리게 느꼈다. 그래서 그는 사람을 유난히 아끼고 인재개발을 중시한다. 따라서 요즘도 직원들에게 끊임없이 공부를 하라고 독려한다. 공부하고 연구하지 않는 사람은 곧 도태된다는 사실을 계속 역설한다.

서 사장은 오는 21세기엔 환경분야가 산업의 중심으로 자리잡으리라는 확신에 차 있다. 이 때를 대비해 인도네시아 등 동남 아시아 시장 진출을 위해 스스로도 끊임없이 연구하고 개발하며 미래를 맞고 있다.

37

오토닉스 박환기 사장

일본과 맞서 센서 업계의 대명사 되다

　박환기 사장(45세)이 경영하는 부산 해운대구 반여 1동에 있는 오토닉스는 여느 국내 중소기업과는 경영방식이 너무나 판이하다.

　경영조직부터가 매우 이색적이다. 제조업체라면 생산직 사원이 전체의 70% 이상을 차지하는 것이 상례다. 그러나 이 회사는 전체의 50%가 연구직과 영업직으로 구성되어 있다. 생산직은 절반도 되지 않는다.

　이 회사가 생산하는 제품은 카운터 센서·컨트롤러 등 자동화 관련부품이다. 부품을 생산하면서도 고정 납품업체가 없는 것도 이 회사의 특색이다. 상식적으로 이해가 가지 않는 일이다. 일반적인 부품업체로서는 대기업의 협력업체가 되는 것이 살아남는 지름길이다. 누구나 대기업의 협력업체가 되는 것을 가장 자랑스럽게 생각한다.

　그러나 이 회사는 대기업에 자동화 부품을 공급하면서도 협력업체로 등록하지 않고 있다. 놀랍게도 부품 전량을 대리점을 통해 시장판매한다. 더 경이로운 것은 전량을 자기 브랜드로만 공급한다.

　덕분에 국내 중소기업의 속성인 대기업의 구매부서에 굽신거리는 일을 하지 않아도 된다. 부품을 생산하는 중소기업인들에겐 꿈 같은 일들이 이 회사에선 자연스럽게 일어난다.

37. 오토닉스 박환기 사장

261

어떻게 중소 부품업체로서 대기업에 고정 납품을 하지 않고서도 살아남을 수 있을까? 과연 부품업체도 이처럼 홀로서기가 가능한가?

부산 시내 준공업지역에 자리잡은 이 회사의 공장 곳곳을 살펴보면 「중소기업도 이렇게 하면 경쟁력을 갖출 수 있겠구나」라는 것을 몸으로 느낄 수 있다.

박환기 사장은 『오토닉스가 생산하는 센서 등 자동화부품은 지난 1983년까지만 해도 수요량의 95%를 일본으로부터 수입해 쓰던 제품이었다』라고 밝힌다.

그러나 지금은 거꾸로 국내 업체의 95%가 국산제품을 쓴다. 박환기 사장의 오토닉스가 10여 년 만에 일궈놓은 성과다.

『일제가 판치던 시장을 이같이 뒤바꿔놓은 것은 엄청난 기술개발

투자 덕분이었다』라고 박 사장은 밝힌다.

이제 오토닉스는 일본 시장을 오히려 역공해 들어가기 시작했다. 컨트롤러를 비롯한 센서 등을 일본 시장에 내놓자 일본의 경쟁사가 방해공작을 펴오고 있다. 한국의 오토닉스 제품을 팔면 자사 제품을 더 이상 공급하지 않겠다며 부품판매점이나 대리점을 압박해나가고 있다는 설명이다. 심지어 지금보다 훨씬 낮은 가격으로 덤핑을 감행하는 전법도 쓴다.

대리점 개설도 심각하게 방해하고 있으나 오토닉스는 이에 굴하지 않고 계속 일본 시장에 진출해나갈 방침이다. 이젠 일본 시장조차 두렵지 않다는 확신이 섰기 때문이다.

지난 10년 간 오토닉스는 일본 기술을 도입해오는 대신, 그 두 배 이상의 자금을 연구개발에 투자했다. 덕분에 일본 기술에 종속되지 않고도 일본의 오므론 등과 당당히 맞설 수 있게 된 셈이다.

연구투자 비용이 많이 들었지만 끝내는 이득을 본 것이다. 현재 이 회사의 연구투자 비용은 매출액의 10% 수준이다. 이는 우리나라 중소기업의 평균 기술개발비 0.3%에 비해 30배를 넘는 수치다. 박 사장은 주변 자문기관에서는 이 같은 기술투자를 감행할 때 한결같이 말렸다고 회고한다.

5% 이상은 기술개발을 가능하게 할지 몰라도 기업의 재무구조를 억압할 것이라며 지나친 투자를 자제할 것을 당부했다는 것이다. 그럼에도 불구하고 10년 이상 그는 과감한 투자를 지속해왔다. 투자방식도 남달랐다. 연구인력은 전원 현장경험 위주로 뽑았다. 부설연구소를 열었지만 박사 학위자는 제외했다. 이 회사가 개발한 기술은 세세한 것까지 합치면 약 2,000여 가지에 이른다고 한다.

박 사장은 지금도 주변에서는 자신의 연구개발 투자방식을 말리고 있지만 앞으로도 소신껏 자신의 뜻을 관철할 방침이라고 강조한다. 제어기기류의 기술은 이제 일본을 확실히 따라잡은 것 같다고 자부한다.

자동화 부품분야에서 세계 최고의 기업으로 올라선다는 것이 박 사장의 마지막 목표다. 그의 성실성을 잘 아는 사람이라면 이러한 목표가 구호에만 그치지는 않으리라는 점을 수긍하게 될 것이다.

38

·

동성사무기기 이강종 사장

개미가 거인을 이기다

동성사무기기는 사원들이 힘을 합쳐 남다른 기적을 이룩해낸 회사로 손꼽힌다. 인천에 있는 이 회사가 생산하는 각종 사무자동화 가구는 디자인과 실용성이 매우 뛰어나다.

요즘처럼 가구업계가 심한 불황을 겪는데도 이 기업이 알찬 행진을 계속하고 있는 비결은 바로 합심의 힘이 작용하고 있기 때문이 아닌가 한다.

동성사무기기는 처음 설립할 때부터 독특한 기업이었다. 이들의 뒷얘기를 살펴보자.

지난 1월26일 오후, 인천 부평 현대아파트 앞에 있는 조그만 지하 카페에서 일곱 명의 남자들이 모였다. 심각한 표정의 참석자들은 만나자마자 곧장 구수회의에 들어갔다.

이 날 모인 일곱 명은 의자생산 분야에서는 국내에서 손꼽히는 전문가들이었다. 이 날 모임을 가지게 된 발단은 의자업계의 간판급 경영인인 이강종 사장이 대주주의 간섭에 못 견뎌 사표를 던진 데 대해 대책을 마련키 위한 것이었다.

이 날 모임에서 내린 결론은 이강종 사장을 대표이사로 모시고 모두 힘을 합쳐 우리나라 최고의 의자전문 생산업체를 만들어보자는

다짐이었다.

그러나 월급쟁이인 이들에겐 돈이 없었다. 이강종 사장도 전문경
영인으로 일해온 탓에 가진 돈이 많지 않았다. 이들은 그 동안 함께
일해온 동료들을 설득해 힘 닿는 데까지 돈을 긁어모아 보기로 다짐
한다. 의자공장에서 잡일을 맡아온 아줌마가 200만 원을 냈다. 그러
자 모두들 몇백만 원에서 몇천만 원까지 한푼한푼 아껴 모은 돈을
서슴없이 투자했다. 적금통장을 해지한 사람이 있는가 하면 전셋집
을 월세로 바꿔 투자하기도 했다. 창업 자금은 놀랄 정도로 빨리 모
였다.

이들은 12일 뒤인 2월6일까지 총 4억 7,000만 원이란 엄청난 돈을
모았다. 투자한 인원은 모두 46명. 한결같이 함께 의자회사에서 일
하던 사람들이다. 이들은 이튿날인 7일 사무용 의자 전문업체인 동

성사무기기 주식회사를 탄생시켰다.

종업원이 100% 투자해 규모를 갖춘 국내 최초의 기업을 탄생시킨 것이다. 놀라움은 여기에 그치지 않는다. 이강종 사장이 회사경영을 맡아 인천 석남동에 530평 공장을 임대해 시설을 일부 설치하고 첫 제품을 생산하는 데 2주일밖에 걸리지 않은 것이다.

상식적으로 납득이 가지 않는 일이다. 더 기상천외한 것은 생산을 시작한 지 하루 만인 22일 오후 사무용 의자 한 트럭 분을 대우자동차 부평공장에 납품했다는 사실이다.

첫 생산을 시작한 지 한 달 뒤인 3월12일에는 컨테이너 한 대 분량의 회전의자를 7,530달러에 홍콩의 핸더슨사로 수출하기 위해 인천항에서 선적했다. 이어 26일에 다시 동일한 양을 홍콩으로 내보냈다.

어떻게 이처럼 빠른 속도로 일을 해낼 수 있었을까? 이런 의문은 이 사장의 이력과 국내 의자산업의 실태를 알고 나면 어느 정도 풀린다.

이 사장은 1971년 12월 국방부에 기술사무관으로 들어가 양산 국방부 조병창에서 1981년 공장장이 될 때까지 M16을 비롯해 K1, K2 등 각종 소총을 생산하는 현장 지휘를 맡았다. 총 30년 간을 생산현장에서만 일했다. 그가 의자업계에 처음 몸을 담은 것은 1989년 초 의자업체의 대표이사를 맡으면서부터다.

생산현장관리에 능통한 그는 의자산업의 매력에 흠뻑 젖어들었다. 의자에 들어가는 부품 및 소재는 총 100여 가지다. 소재는 철판, 스폰지, 섬유, 스프링, 인조가죽, 알루미늄, 목재 등 다양하다. 기술은 프레스, 벤딩, 금형, 롤러 가공, 분체도장, 강화 플라스틱 가공 등 더욱 복잡하다. 여기에다 예술분야인 디자인과 색상이 전제돼야 한다. 더욱이 허리에 피로감을 주지 않기 위해서는 의학적인 설계도 감안해야 한다. 사무자동화(OA)와 공장자동화(FA) 부문에서도 의자가 결정돼야 동작연구 등이 이뤄진다. 이 사장은 따라서 의자야말로 종합예술품이라고 말한다.

그러나 지금까지 우리나라의 경우 독창적인 의자는 거의 없었다. 미국이나 유럽의 디자인을 그대로 베끼기만 했다는 것이다.

실제 한국인의 체형에 맞는 의자의 척추곡선은 18~23cm 사이에 있어야 하는데, 대부분의 의자가 21~26cm 사이에 있단다. 이 같은 허점을 틈타 이미 대만 의자와 일본의 오카무라 및 이토키 의자가 국내에 공세를 개시했다고 한다.

이 사장은 이들의 집중공세에 정면으로 맞서 승리하기 위해서는 국내에서 자체 기술을 개발하는 것이 시급하다는 판단을 내렸다. 따라서 속전속결로 제품을 생산하면서 과감한 기술개발 투자를 했다.

이제 동성사무기기의 의자는 어느 곳에서든 최고급품으로 인정받는다. 이렇게 짧은 기간 안에 최고가 될 수 있었던 비결은 의자를 사랑하는 사원들이 저마다 주인의식을 가졌기 때문일 것이다.

39
·

동양엑셀화학 박성규 사장

뼈 아픈 실패 딛고 재기 다진다

동양엑셀화학의 박성규 사장(49세)은 서울 개봉 본동에 있는 단독 주택에 산다. 그의 집 지하 1층에는 10평 규모의 실험실이 있다. 이곳에는 열처리 기계를 비롯해 각종 계측기와 실험기기 등이 가득 차 있다.

그는 현대건설연구소에서 10년 이상 근무하다 1987년 창업해 기업의 사장이 되었지만, 요즘도 어지간한 신제품은 사장 자신이 직접 개발한다.

신제품개발에 착수하면 하루도 빠지지 않고 지하실에 혼자 틀어박혀 연구와 실험에 몰두한다. 『시간 가는 줄 모르고 연구에 빠져 있다가 밤을 꼬박 새운 일이 수없이 많았다』라고 그는 밝힌다.

그는 이 좁은 실험실에서 정말 세상을 놀라게 할 만한 물질을 여러 가지 개발해냈다. 그가 개발한 품목은 대부분 건축용 방수제 및 도료다. 고무화 도막방수제나 세라믹 단열 페인트는 국내에서는 물론, 일본에서까지 품질을 인정받은 제품이다. 덕분에 동양엑셀화학은 일본측의 요구에 따라 현재 일본 도쿄와 나고야에 두 개의 대리점을 가지고 있다.

이처럼 박 사장이 개발한 제품 수준은 국제적으로도 앞서 있다.

그러나 박 사장은 대학 다닐 때부터 줄곧 기술분야에만 몸 담아온 탓에 재무회계 등 관리분야에는 무척 취약했다.

창업을 한 뒤 10년이 지난 지금에 와서야 처음부터 재무관리 부문을 등한시했던 걸 후회한다.

한양대 전기공학과를 졸업했을 때 이미 그는 전기기사·열관리기사·환경기사 등 12개의 면허를 소유하고 있었다. 현대건설과 현대산업개발에서 기술과장을 지낸 경험을 발판으로 기업은 앞선 기술만 있으면 손쉽게 꾸려나갈 수 있을 것으로 믿었다.

처음 창업을 한 뒤 2~3년 간은 이 믿음이 맞아들어 갔다. 그러나 현실은 그렇지만 않다는 사실을 뒤늦게야 깨닫게 됐다.

1987년 현대건설연구소에 연구원으로 근무하던 그가 사표를 내자 당시 최수일 현대건설 사장은 박 사장이 개발한 도막방수제 기술을 가지고 나가 공장을 차리면 납품을 받아주겠다고 약속했다.

그는 퇴직금 1,300만 원으로 서울 압구정동 해동빌딩 2층 8호에 15평짜리 사무실을 내고, 부평 신곡동에 50평 공장을 임대해 현대건설에서 쓰던 설비를 옮겨와 첫 사업을 시작했다.

그가 받은 퇴직금은 카탈로그 제작비용으로 이미 바닥이 났다. 그러나 다행히도 현대건설측이 납품대금을 빨리 주는 덕분에 첫출발이 아슬아슬하긴 했지만 무리없이 전개됐다.

그러나 사업이 막 안정기에 접어드려는 1993년부터 그에게 몰아닥친 두 차례의 시련은 그에게 엄청난 타격을 주었다.

첫번째 타격은 1993년 4월 울산에 있는 건설업체로부터 받은 어음이 부도 나면서부터 시작되었다. 박 사장은 이 울산의 건설회사에 2년 간 도막방수제 및 문틀용 발수제를 공급해왔다. 그는 한 달 간 울산으로 총 1억 2,000만 원의 방수제를 보냈다. 마지막 물품을 보내고 다음날 물품인수증을 받으러 가기 위해 전화를 걸어보니 회사가 부도를 냈다는 것이었다. 「이럴 수가… 부도를 내기 하루 전까지 물품을 받아가다니….」 틀림없는 고의부도로 판단하고 울산으로 달려갔다. 그러나 막상 도착해보니 건설회사 사장은 행방을 감춘 지 이미 오래였다.

전국에서 몰려든 채권자들이 발을 동동 구르며 대책을 세우고 있었지만, 그는 일체의 권한을 채권단에 넘기고 하루 만에 서울로 올라왔다. 처음 당하는 일이기도 했지만, 그는 돈이 아까워서가 아니라 인간적인 믿음에 금이 간 데 더욱 실망했다. 「2년 이상 신용거래하던 사람이 그럴 수가 있나….」

그러나 시간이 지나면서 1억 2,000만 원이 그렇게 경영에 심각한

타격을 줄지는 미처 생각지 못했다. 받을어음을 부도 맞았다는 소문이 나돌자 주변의 건설회사나 거래업자들이 경계를 하기 시작했다. 자금줄을 계속 죄어왔다. 갈수록 자금난이 심해지던 얼마 전에는 더욱 엄청난 사건이 다시 발생하고 말았다.

박 사장에겐 지난 10년 간 서로 돈거래를 해온 친구가 하나 있었다. 단종건설업을 하던 그 친구는 박 사장에게 어음을 담보로 15차례에 걸쳐 2억 7,000만 원의 돈을 빌려갔다.

박 사장은 어음이 너무 많이 쌓이자 친구에게 가능한 한 당장 찾아갈 것을 요구했다. 그러자 그 친구는 하루만 더 기다려달라며 사정했다. 다음날 아침에 어음을 찾아가겠다고 말했다. 그러나 다음날 아침 찾아오기로 한 그 친구가 오지 않아 그 집으로 전화를 걸어봤다. 놀랍게도 그 친구는 어제 저녁 거래업자들과 과음한 뒤 집으로 돌아오다 계단을 헛디뎌 떨어져 뇌진탕으로 죽고 말았다는 소식을 들었다.

우선은 돈도 돈이지만 오랫동안 사귀어온 친구를 잃은 슬픔이 앞섰다. 그러나 시간이 흐르면서 친구가 빌려간 2억 7,000만 원이 문제가 됐다. 친구 회사측은 친구가 이서를 한 어음에 대해서만 회수를 하겠다고 응답했다.

친구 사이여서 어음에 이서를 받아놓지 않은 것이 3분의 2에 달했다. 결국 박 사장은 친구도 잃고 돈도 잃는 2중의 고통을 겪게 됐다. 지난 1년 간 박 사장은 이 사건으로 인한 자금난을 막는 데 동분서주했다.

1989년 박 사장을 처음 만났을 때 그는 오직 기술에만 열정을 품고 있었다. 그저 기술에 대해서만 얘기했다. 서울 강남에 있는 영동

호텔 커피숍에서 처음 만나 점심식사로 설렁탕을 함께 한 뒤 헤어질 때까지 그는 3시간 가까이 고무화 도막방수제 기술의 우수성에 대해서만 역설했었다. 그러나 8년 뒤의 그는 『기업을 경영하는 데는 기술 하나만으로는 불가능하다』라고 서슴없이 말했다. 박 사장은 이제 기술에만 연연해하지 않고 재무관리와 마케팅, 수출시장 확보 등도 중요하다고 애써 강조한다. 그의 태도가 이처럼 변화한 것은 앞서 겪은 두번의 사건으로 기업인과 기술자는 다르다는 사실을 실감했기 때문일 것이다.

박 사장은 강남구 삼성동으로 사무실을 옮기고 다시 창업을 하는 기분으로 사업을 시작했다. 그 동안 새로 개발한 비장의 신제품도 내놓았다.

그가 새로 출하한 제품은 각종 방음벽이나 유리창·벽·지붕 등에 칠하면 먼지나 흙탕물이 묻지 않도록 고안된 첨단 제품이다. 세라믹 크린 페인트라고 이름지어진 이 페인트는 투명해 방음벽 외에도 가드레일, 중앙분리대, 표지판 등에 스프레이로 뿌리면 전혀 더러워지지 않는 것이 장점이다. 터널의 내벽을 비롯해 빌딩 유리 등에도 활용할 수 있다.

박 사장은 이 제품에 큰 기대를 걸고 있다. 그 동안의 시련이 자꾸만 그를 괴롭힐지라도 온갖 어려움을 딛고 박 사장이 의연히 다시 일어서는 그 날을 기대해본다.

40

동우정밀 정성근 사장

오뚝이 기업인

그 동안 친하게 지내던 동우정밀공업의 정성근 사장으로부터 전화가 왔다. 그는 통화가 이뤄지자마자 안부 인사를 전할 틈도 없이 결국 부도를 내고 말았다며 울먹였다.

아닌 밤중에 무슨 홍두깨 같은 말씀이냐며 다그쳤다.

『어제 거래은행인 국민은행으로부터 당좌거래 정지를 당하고 지금 절간에 피신 중인데, 자세한 애기는 며칠 뒤 만나서 하겠다』라고 말하곤 끝내 울음을 터뜨렸다. 2주일 뒤 아무런 예고도 없이 그가 불쑥 찾아왔다. 평소 깨끗이 빗어넘긴 머리카락과 말끔한 신사복 차림은 온데간데 없었다. 허름한 파카에 낡은 구두를 신고 있었다. 요즘 단돈 몇만 원만 줘도 폴리에스테르 파카를 사 입을 수 있는데, 그가 입은 옷은 오래 된 것인지 많이 탈색되어 있었다.

마침 퇴근시간이어서 서울역 뒤 중림시장 아래쪽의 국밥집을 찾아갔다. 우리는 국밥 두 개와 소주 한 병을 시켰다. 정 사장은 다짜고짜 소주 두 잔을 연거푸 마시더니 피를 토하듯 한숨을 내쉬었다.

부도를 당하고 보니 세상 인심이 이렇게도 흉흉한 줄 알겠노라고 눈물을 글썽이며 거듭 큰숨을 내리 쉬었다. 지금 살고 있는 상계동 집에는 채권자가 안방을 차지하고 드러누워 있고, 어음을 못 막아준

거래 기업인은 조직 폭력배를 동원해 매일 가족들을 괴롭히고 있다
는 애기부터 끄집어냈다.

국밥을 들며 애기하는 그의 모습도 전처럼 깔끔하지 않은데다가,
땀을 심하게 흘리며 음식도 소리내 먹는 듯 느껴졌다. 부도를 낸 뒤
가장 야속한 것은 경제부처에 근무하는 공무원인 조카사위로부터 배
신에 가까운 멸시를 당한 것이라고 했다.

정 사장은 그 조카사위로부터 2,000만 원을 빌려 썼는데 부도가
난 4일 뒤 친척집에 들렀을 때 전화통화가 이뤄지자 그는 『정 사장,
당신 그러면 못써!』라면서 반말로 듣기 거북한 욕을 내뱉더라는 거
였다.

정 사장은 그 조카사위의 부인인 조카딸을 공부시킨 장본인이었
다. 고등학교와 대학 학비를 모두 대주었으며, 행시에 합격한 조카사

위를 보느라 조그만 아파트도 마련해줘 시집을 보낸 터였다. 그 조카 사위가 살고 있는 아파트는 사실 정 사장이 마련해준 셈이었다.

이렇게 애정을 기울인 조카사위로부터 모멸을 당하자 자살하고 싶은 생각이 싹 없어지더라고 말했다. 어떻게든 살아서 이 모멸감에 대해 복수해야겠다는 일념에 사로잡히더라는 것이다.

그는 당장 조카사위가 근무하는 부처의 담당국장에게 전화를 걸어 자신의 신분을 공개한 뒤 그런 사람을 어떻게 공무원으로 근무시킬 수 있느냐고 항의했다. 아직까지 자신에게 돈 키호테적인 기업인 정신이 남아 있음을 새삼 깨달았다고 한다.

그런데 1억 6,000만 원의 빚을 준 남대문시장 사채업자의 태도는 이 조카사위에 비해 완전히 달랐다. 정 사장이 지난 20년 간 소액 어음 할인 창구로 이용해온 그 사채업자는 적어도 폭력배 정도는 동원할 것으로 당초에는 예견했었다.

그러나 정 사장이 그 사채업자에게 전화를 걸어 미안하게 되었다고 하자 예상 외의 반응이 왔다. 『아니, 정사장!! 거기가 어디야? 우선 몸 관리부터 잘 해야지. 돈이야 다시 벌면 되는 거잖나? 이자 보내던 통장으로 20만 원을 보낼 테니 음식이라도 제때 챙겨 먹게….』정 사장은 사채업자가 부쳐준 돈으로 끼니를 챙겨먹고 시골 정미소에서 날품팔이를 하다가 이 날 아침 서울로 올라오는 길이라고 했다.

부도를 당하고 보니 주변 사람들이 그렇게 흑백을 달리할 수 없더라는 것이 그의 결론이었다. 아끼던 사람이 원수처럼 대하고 엉뚱한 사람으로부터 도움을 받게 되는 아이러니를 어떻게 설명해야 할지 모르겠다는 거였다.

이 얘기를 듣자 정 사장이 보기 싫게 음식을 쩝쩝거리며 먹는다고 느꼈던 사실이 뜨끔해졌다. 그는 그 사채업자가 20만 원을 부쳐준 성의가 아무리 그의 노회한 수법이라 할지라도 다시 돈을 벌면 그 1억 6,000만 원부터 먼저 갚고 조카사위의 2,000만 원은 최후에 가서 갚을 생각이라며 분통해했다. 나는 젖은 눈으로 악수를 한 뒤 헤어졌다.

그랜저 승용차를 타고 나타나던 그가 버스 토큰을 챙기며 허리를 구부린 채 돌아서는 모습을 보며「저 양반이 어쩌다 저 지경이 되었나…」하는 탄식이 몰려왔다.

지난 한햇동안 정 사장의 동우정밀공업처럼 부도를 낸 기업은 수없이 많다. 정확히 말해 1만 2,000여 사업자가 부도를 내고 쓰러졌다. 요즈음도 정부의 각종 중소기업 시책마련에도 불구하고 중소기업들의 돈가뭄은 여전하다. 오히려 강도가 더 심해졌다.

하루 30여 업체가 말라죽어 가고 있다. 꽤 괜찮은 중소기업들이 당좌거래 정지대열에 끼고 말았다. 이처럼 부도를 당한 기업인들은 지금 어디에 있을까? 흔히『회사는 망해도 기업인은 살아남는다』라는 말처럼 어디론가 피신해 편히 즐기고 있을까? 결코 그렇진 않다. 일단 우리나라에서 부도를 내면 대책은 세 가지밖에 없다는 것이 통설이다.

첫째는 자살을 하는 방법, 둘째는 해외로 도피하는 방법, 셋째는 감옥에 들어가는 방법이라고 한다.

고의로 부도를 낸 몇몇 사기꾼을 제외하곤 거의 20년 가까이 중소기업인들과 함께 살아왔지만, 부도를 내고도 편히 사는 기업인은 100명 중에 한둘 정도 있을까 말까 하다.

오히려 대부분이 빈털털이로 고통과 울분 속에서 재기를 위해 몸부림치며 살아가고 있다. 이런 고통을 뻔히 알면서도 중소기업들은 왜 부도를 내는가? 이들의 부도는 어떤 연유에서 비롯된 것일까?

우리는 흔히 중소기업의 부도를 경영자의 탓으로 돌리려는 경향이 많다. 다른 기업은 망하지 않는데 왜 하필 그 기업만 도산을 했느냐고 반문한다. 이 같은 논리도 완전히 틀린 것은 아니다. 일부 경영자의 잘못이 있긴 하다. 그러나 우리나라 정도의 경제규모에서 이처럼 부도가 많이 나고 많은 사람이 부도의 여파에 시달리는 나라는 드물다. 여기에는 틀림없이 기업인의 잘못으로 인한 것보다 더욱 심각한 구조적인 문제점이 있을 듯하다.

어깨를 숙인 채 뒤돌아서가는 정 사장을 보면서 그도 역시 이런 구조적인 문제점에 끼여 희생된 중소기업이 아닐까 하는 생각을 떨칠 수 없었다.

매년 1만 명 이상씩 생겨나는 또 다른 정성근 사장이 고통을 받고 있다. 그럼에도 불구하고 대부분의 전체 금융기관 대출금액 중 중소기업이 차지하는 비중이 낮으니 자금난을 겪다가 부도를 낼 수밖에 없다는 결론을 내리기도 한다. 물론 맞는 얘기인지도 모른다. 그러나 과연 이것이 중소기업의 부도요인 중 절대적인 비중을 차지하는 것인가?

이 문제를 놓고 좀더 철저히 파헤쳐보라. 이것은 우리나라만의 특이한 상거래 구조에서 비롯된다는 사실을 알게 된다. 자금난을 겪을 수밖에 없는 요인이 장기어음 거래 등 기업 간 거래구조의 왜곡, 납품체계 및 생산연계의 잘못에서 기인한다는 사실을 곧 알아차리게 될 것이다. 그러나 중소기업인 중 상당수는 이런 메커니즘을 이를 악문 채 극복하고 살아서 돌아온다.

드디어 정성근 사장도 부도를 극복한 뒤 성장의 문턱에 발을 들여 놓았다.

•

중소기업인

•

지은이 / 이치구

펴낸이 / 박용정

펴낸곳 / 한국경제신문사

등록 / 제2-315(1967. 5. 15)

제1판 1쇄 인쇄 / 1997년 2월 25일

제1판 1쇄 발행 / 1997년 3월 1일

주소 / 서울특별시 중구 중림동 441

대표전화 / 360-4114

직통 / 313-8293 · 312-0063

FAX / 360-4552

•

* 파본이나 잘못된 책은 바꿔 드립니다.

ISBN 89-475-2192-2

•

값 7,000원

20세기를 움직인 思想家들

기 소르망 著
姜偉錫 譯
〈신국판 / 426면 / 8,000원〉

20세기 사상계에 결정적인 영향을 끼친 사람들은 과연 누구인가? 프랑스의 저명한 경제학자이자 사회학자인 기 소르망이 29명의 생존해 있는 현대 최고의 사상가들과 직접 인터뷰를 통해 그들 자신이 선택한 분야에 전생애를 바친 사상과 사색의 놀라운 통찰을 기록·정리한 「살아있는 도서관」.

資本主義 종말과 새 世紀

기 소르망 著
金廷銀 譯
〈양장 / 628면 / 13,000원〉

세계적인 석학인 저자는 자본주의 체제를 위협하는 것은 「도덕적 불만」과 「자본주의에 대한 몰이해」라고 주장하고 러시아·중국·독일·인도 등 20여개국의 자본주의의 현재 모습을 생생히 그리고 있다. 또한 현재의 자본주의의 위기를 극복하기 위한 구체적인 실천방안에 대해서도 통찰하고 있다. 방대한 분량인데도 르포형식이어서 전혀 지루하지 않다.

未來企業

피터 F. 드러커 著
高柄國 譯
〈신국판 / 416면 / 8,000원〉

우리 시대의 가장 뛰어난 사회·경영학자이자 미래학자인 드러커의 「변혁시대 기업생존전략 연구서!」이 책은 세계경제가 빠르게 바뀌어 감에 따라 기업의 새로운 생존 경영전략 모델, 즉 기업이 살아남기 위한 5가지 변화조건을 예리하게 분석·고찰했다. 특히 사회·경제학 시각에서 세계경제 흐름을 통찰한 力著.

자본주의 이후의 사회

피터 F. 드러커 著
李在奎 譯
〈양장 / 328면 / 7,000원〉

사회주의권의 급격한 몰락 이후 탈냉전 분위기가 고조되고 있는 시점에서 향후 세계 변화가 주요 관심사로 떠오르고 있다. 저자는 이 책에서 향후 세계는 자본주의적 시장구조와 기구는 그대로 존속되겠지만 주권국가의 통제력은 약화되고 전문지식을 갖춘 지식경영자 중심의 글로벌화 사회가 될 것으로 예측하고 있다.

미래의 결단

피터 드러커 著
이재규 譯
〈양장 / 408면 / 9,000원〉

현대 경영학의 대부, 피터 드러커는 이 책에서 「스스로를 다시 생각함으로써 회생할 수 있다」고 전제하고 기업의 5가지 치명적 실수, 가족기업을 경영하는 규칙, 대통령을 위한 6가지 규칙, 새로운 국제시장의 개발, 3가지 종류의 팀조직, 오늘날 경영자들이 필요로 하는 정보 등 바람직한 미래를 실현하기 위한 방안을 제시했다. 21세기를 위한 새롭고 시의적절한 경영지침서.

株式市場 흐름 읽는 법

浦上邦雄 著
朴承源 譯
〈신국판 / 200면 / 4,000원〉

언뜻 보기에 무질서하고 예측이 불가능해 보이는 주식시장도 장기적으로 보면 특정한 네 개의 국면을 반복하고 있다는 것을 알 수 있다. 이 책은 이 네 개의 국면이 어떤 요인에 의해 순환되고 각각의 국면에서 어떤 종목이 활약하는가를 숙지할 수 있는 안목을 제시해주고 주식투자시 리스크를 피하는 방법에 대해서도 설명하고 있다.

2020년

해미시 맥레이 著
金光田 譯
〈양장 / 408면 / 9,000원〉

다양한 인종만큼이나 상이한 정치·경제체제와 독특한 문화양식을 지니고 있는 세계 각국은 저마다의 주무기를 앞세워 미래를 설계하고 있다. 경제평론가인 저자는 앞으로 국가경쟁력을 결정짓는 요인은 기술이 아니라 문화라고 강조한다. 현재 세계 각국이 처해 있는 상황을 바탕으로 치밀하게 전망한 2020년경의 세계 각국의 모습에서 우리의 진로는 어떻게 모색해야 할 것인가?

제 4 물결

허먼 메이너드 2세
수전 E. 머턴스 共著
韓榮煥 譯
〈양장·4X6판 / 239면 / 5,000원〉

21세기의 범세계적 기업을 위한 낙관적 비전을 제시하고 있는 이 책은 한마디로 앨빈 토플러의 《제3물결》을 넘어 장기적 미래의 비전에 집중하고 있다. 지금 우리가 공업화를 상징하는 「제2물결」에서 탈공업화적인 「제3물결」로 전이하고 있지만, 머지 않은 곳에서 새로운 차원의 「제4물결」이 밀려오고 있다고 진단하고 있다.

장사꾼으로 거듭나는 사무라이 혼

金亨澈 著
〈신국판 / 372면 / 7,000원〉

일본의 자민당 정권이 붕괴된 이후 연립정권이 난립하고 고베 대지진, 증권스캔들, 옴 진리교 사건 등이 일어난 격동기에 필자가 주일특파원으로 취재하며 느낌을 쓴 현장 르포다. 기자의 눈을 통해 「기모노 속에 감춰진 진짜 일본」을 만난다.

유머人生 1 ~ 5

韓國經濟新聞社 出版部 編
〈4×6판 / 244면 / 4,500원〉

많은 독자들이 1980년 12월부터 본지에 연재되고 있는 「海外유머」를 책으로 출판했으면 어떨지, 그런 계획은 없는지 물어왔다. 이 책은 독자들의 그러한 성원에 보답하자는 취지로 출판되었으며 우스갯소리 가운데서 인생의 묘미도 느끼고 영어공부도 할 수 있게끔 어려운 단어나 語句에는 주석을 달아 독자들의 이해를 돕고자 노력했다.

암 이렇게 하면 두렵지 않다

엘리자베스 웰런 著
민진식 監譯
〈신국판 / 350면 / 8,000원〉

암의 원인과 관계되는 발암물질, 역학조사, 그리고 생활주변에서 많이 발생하는 암의 위험요소에 대한 방대한 문헌과 보고서를 분석 정리했다. 또 이미 알고 있는 암 유발요인을 쉽게 설명하고 암 학자들의 연구결과와 철저한 문헌조사, 특히 인간에 대한 직접 연구결과에 근거한 암 원인을 전반적으로 개관하여 예방의학의 길을 제시했다. 감역자는 연세대 의대 암센터원장.

사장님, 원가를 아십니까

鄭明煥 著
〈신국판 / 220면 / 5,000원〉

원가의 개념을 정확히 이해하지 못하고 경영한 결과 장부상으로는 흑자임에도 결손이 나는 등 어려움을 겪는 경우가 흔히 있다. 이 책은 경영자는 물론 회계와 기획담당자를 포함한 기업 관계자들에게 원가의식과 관리회계의 개념을 심어준다는 취지에서 원가에 관련된 제반사항을 소설식으로 알기쉽게 다룬 力著

프로 영업인이 되는 길

시라이 기요시 著
朱明甲 譯
〈신국판 / 240면 / 5,000원〉

번번히 뛰어난 실적으로 동료들의 부러움을 사는 사람이 있다. 이런 사람은 흡사 영업의 귀재, 타고난 영업인처럼 보인다. 그러나 잘 나가는 영업사원과 ·그렇지 못한 영업사원의 차이는 반드시 있게 마련. 이 책은 결코 평탄하지만은 않은 영업의 세계에 입문하거나 프로로 거듭나기를 바라는 영업사원들이 갖춰야 할 지식에서부터 각양각색의 고객을 다루는 방법까지 100가지 성공비결을 공개하고 있다.

中國을 넘어야 한국이 산다

崔弼圭 著
〈신국판 / 260면 / 5,000원〉

최근들어 한국 기업의 중국 진출이 러시를 이루고 있으나 중국의 문화와 관습을 정확하게 이해하지 못한데서 많은 어려움에 부딪치고 있다. 이런 시점에서 쓰여진 이 책은 중국인들의 상술을 예리하게 파헤치고 있으며 한국 기업이 중국 현지에서 맞닥뜨리는 여러 사안들에 관해 심도 있게 분석하고 대안을 제시하고 있다.

멀티미디어 시대

조지 길더 著
權和燮 譯
〈신국판 / 208면 / 5,000원〉

이 책에서 저자는 단순영상매체인 TV는 종언을 고하게 되었고 TV의 기능에 컴퓨터와 광통신 기능이 부가된 네트워크망을 갖춘 종합미디어로서의 텔레퓨터가 멀티미디어 시대에 주역으로 등장할 것을 예고한다. TV를 보면서 진행자와 대담을 나누고 가상현실을 즐길 수 있는 놀랍고도 신기하기까지 한 세계의 출현을 예고하고 있다.

기업혁신 팀경영

존 R. 카첸바크·더글러스 K. 스미스 共著
梁浚容 譯
〈신국판 / 364면 / 7,000원〉

구성원의 기술·경험·통찰력을 결합한 「팀」제는 개개인보다 월등한 업무능력을 지니고 있으며 업무의 내용이 복합적이거나 판단능력·경험이 필요한 경우 더욱 돋보인다. 이 책은 다양한 사례를 중심으로 집단적인 작업생산, 개인적인 성장 그리고 고능률 업무수행을 위한 팀경영의 비결을 소개하고 있다.

21세기 기업

제이 R. 갤브레이스·에드워드 E. 롤러 3세 共著
朴秀圭 譯
《신국판 / 410면 / 8,000원》

이 책은 21세기의 시장환경에 적응하고 살아 남기 위한 조직구조를 체계적으로 고찰하고 있으며 역동적인 환경에 대처할 관리관행과 경영체계를 심도있게 분석하고 있다. 또한 저자들은 지식업무 및 관리팀, 기량 중심의 인적자원 시스템 구축, 스태프진 분산과 네트워크 구축 등의 새로운 조직창출 방법을 다양하게 구사하고 있다.

기업간·업종간 전략적 제휴

조셉 L. 배더러코 2세 著
韓榮煥 譯
《신국판 / 264면 / 6,000원》

지식이 국가와 기업의 경계를 넘어 급속히 이동하고 세계화 됨에 따라 새로운 기술과 제품이 정신없이 쏟아져나오고 있다. 이제 어떤 사회도 필요한 모든 기술과 제품을 독자적으로 해결할 수는 없다. 이 책은 많은 회사들의 요새와 같던 담을 무너뜨리고 경쟁예상자와 손을 잡고 제품을 생산하고 기술과 능력을 개발하는 방법을 보여주고 있다.

결혼경제학

八代尙宏 著
李 均 譯
《신국판 / 200면 / 4,500원》

결혼과 그 주변문제에 대해 경제학적 측면에서 분석했다. 모든 결혼이 정신적·물질적 행복을 보장해 주는 것은 아니다. 남녀의 결합으로 성립되는 「가정주식회사」는 운영의 묘에 따라 번창하기도 하고 파국을 몰고오기도 한다. 결혼적령기 남녀, 결혼생활을 하고 있는 모든 사람들을 위한 필독서.

정보고속도로의 꿈과 악몽

대니얼 버스타인·데이비드 클라인 共著
김광전 譯
《신국판 / 472면 / 9,500원》

세계적인 컨설턴트 버스타인과 컴퓨터 잡지 〈와이어드〉의 객원편집위원인 클라인이 정보고속도로와 디지털이 꿈꾸는 미래의 이상과 그에 따른 문제들을 분석하고 해결책을 제시했다. 특히 정보산업의 발전과정에서 진행된 미국과 세계적인 기업의 사업전략, 그들간의 싸움을 흥미진진하게 얶고 있으며 디지털 혁명이 몰고올 사회변화까지 상세히 설명했다.

거꾸로 선 아버지 바로 세우기

레벤 바-레바브 著
김광전 譯
《신국판 / 348면 / 8,000원》

정신과 전문의인 저자가 현대 가정이 지닌 문제점과 자라나는 아이들이 겪는 여러 가지 비극과 그 대안들을 정신분석학적 방법으로 제시했다. 오늘날 우리 사회가 안고 있는 청소년 문제의 근원은 대부분 가정에 있으며 특히 아버지의 역할이 부족한데서 비롯된다고 보고 있다. 훌륭한 아버지의 역할과 훌륭한 아버지가 되는 실용적인 아이디어를 구체적으로 제시하고 있다.

여자의 육체 남자의 시선

장 클로드 코프만 著
김정은 譯
《신국판 / 392면 / 8,500원》

독창적이고 신중한 연구라는 평을 받은 파리 5대학 사회학자의 흥미롭고도 심도 있는 저서. 저자는 2년 동안 해변에서의 토플리스 연구를 통해 은밀하면서도 흥미로운 규칙을 발견한다. 형태, 나이, 문화, 해변의 상황에 따라 여자들은 각기 나름의 행동규칙을 준수하며 자신들에게 보내는 시선의 신호를 이해하여 몸의 자세로 또는 적당한 제스처로 그것에 응한다고 보고 있다.

안자(상·중·하)

미야기타니 마사미쓰 著
신봉승·김하중 譯
《양장 / 4×6판 / 384면 내외 / 각권 6,500원》

열국의 제후들이 대륙의 패권을 놓고 싸우는 춘추 시대를 배경으로 격동의 역사를 헤쳐나가는 명재상 안자의 일대기를 그리고 있다. 난세 속에서도 안자는 충(忠)과 의(義)를 지키며 정도(正道)만을 걷는다. 국가 경영의 참다운 모습, 인간관계의 원형을 보여주는 그의 독특한 철학을 통해 당시의 시대정신과 사회상을 조명한다.

大商(상·하)

정종명 장편소설
《신국판 / 상권 348면, 하권 336면 / 각권 6,000원》

간신 유자광에게 핍박받고 공신 박원종의 비호를 받으면서 혁신정치의 풍운아 조광조에게 도전했던 조선 제일의 巨商 서용근의 일대기를 그리고 있다. 천부적인 장사꾼 기질과 처세술로 조선의 상권을 한손에 거머쥐고 정치권과도 밀착, 정권을 좌지우지했던 서용근의 파란만장한 생애가 흥미진진하게 펼쳐진다. 가공인물 서용근이 보여주는 일련의 정치행각이 특히 흥미롭다.

주제별 經濟·經營 入門書!

EM文庫

1 마키팅 入門 柳東根 著 〈270면 / 2,100원〉	**18** 減價償却의 理解와 稅務 權純哲 著 〈270면 / 2,100원〉
2 意思決定의 分析 金宗才 著 〈206면 / 1,800원〉	**19** 인플레이션 이야기 金文昱 著 〈238면 / 2,000원〉
3 經營分析 入門 金建佑 著 〈144면 / 1,600원〉	**20** 經營法學의 知識 金政男 著 〈140면 / 1,600원〉
4 資本市場 이야기 李在奎 著 〈306면 / 2,400원〉	**21** 觀光 이야기 金正培 著 〈224면 / 1,800원〉
5 品質管理의 知識 朴愚東 著 〈250면 / 2,000원〉	**22** 會社경리의 理解 朴圭弘 著 〈306면 / 2,400원〉
6 會社設立 이야기 朴春燁 著 〈226면 / 1,800원〉	**23** 景氣를 보는 方法 金孝命 著 〈234면 / 2,000원〉
7 最高經營者 이야기 鄭忠泳 著 〈286면 / 2,200원〉	**24** 貿易클레임 대책 鄭冀人 著 〈300면 / 2,400원〉
8 GATT 이야기 盧德律 著 〈212면 / 1,700원〉	**25** 성공적인 株式投資 崔運烈·李贊一 著 〈328면 / 2,500원〉
9 廣告·이야기 申吉秀 著 〈188면 / 1,700원〉	**26** 현대保險의 理解 朴承雋 著 〈208면 / 1,700원〉
10 貿易金融의 知識〈改訂版〉 朴鉉璃 著 〈192면 / 2,500원〉	**27** 人事管理의 知識 崔鍾泰 著 〈258면 / 2,000원〉
11 金利의 理解 金鍾赫 著 〈272면 / 2,100원〉	**28** 稅務會計 入門 李吉永 著 〈262면 / 2,100원〉
12 國民所得 이야기 李榮茂 著 〈254면 / 2,000원〉	**29** 企業診斷과 經營指導 李在奎 著 〈316면 / 2,500원〉
13 財務諸表 읽는 법 尹桂燮 著 〈242면 / 2,000원〉	**30** 需要豫測의 방법 鄭忠泳 著 〈316면 / 2,500원〉
14 公正去來 概說 金基台 著 〈340면 / 2,500원〉	**31** 서비스 마키팅 柳東根 著 〈294면 / 2,400원〉
15 信用狀 이야기 金漢秀 著 〈304면 / 2,500원〉	**32** 最低賃金 이야기 金在源 著 〈292면 / 2,400원〉
16 賃金의 理解 金世榮 著 〈270면 / 2,100원〉	**33** 投資信託의 理解 朴正旭 著 〈208면 / 1,800원〉
17 消費者 — 그 문제와 保護 吳相洛 著 〈182면 / 1,700원〉	**34** 福利厚生 概說 全滿軫 著 〈248면 / 2,300원〉

75	現代社會와 리스크管理 李京龍 著 〈198면 / 2,400원〉	93	原子力産業의 理解 田載豊 著 〈170면 / 2,300원〉
76	信用카드 이야기 金文煥 著 〈196면 / 2,400원〉	94	韓國의 租稅政策 李鎭淳 著 〈240면 / 2,500원〉
77	데이터뱅크 이야기 鄭寅根 著 〈154면 / 1,900원〉	95	담보와 보증 李源俊·朴相宗 共著 〈176면 / 2,500원〉
78	地方自治와 地方財政 吳然天 著 〈184면 / 2,200원〉	96	銀行마케팅 趙泰玄 著 〈172면 / 2,500원〉
79	技術協力 이야기 林陽澤 著 〈137면 / 1,700원〉	97	정보·통신시스템의 理解 安重鎬 著 〈216면 / 2,500원〉
80	經營計劃 입문 郭秀一 著 〈162면 / 1,900원〉	98	人的資源 회계정보 李正道 著 〈180면 / 2,500원〉
81	經營리스크와 企業保險 宋一 著 〈182면 / 2,200원〉	99	關稅의 상식 李性燮 著 〈162면 / 2,500원〉
82	海洋資源의 知識 許亨澤 著 〈172면 / 2,000원〉	100	벤처 캐피틀의 理解 高聖洙 著 〈196면 / 2,500원〉
83	産業工學 입문 朴京洙 著 〈200면 / 2,400원〉	101	設備投資와 設備金融 姜日圭·元鍾根 共著 〈198면 / 2,500〉
84	生産戰略 입문 李慶煥 著 〈152면 / 1,800원〉	102	地方自治會計 曺廷煥 著 〈172면 / 2,500원〉
85	現代企業 입문 朴基贊 著 〈184면 / 2,200원〉	103	技術經營의 길잡이 金一龍·任德淳 共著 〈184면 / 2,500원〉
86	職能資格制度의 理解 朴俊成 著 〈170면 / 2,000원〉	104	이미지 마케팅 韓一洙 著 〈192면 / 2,500원〉
87	EC의 經濟·市場統合 金世源 著 〈190면 / 2,400원〉	105	제2금융권 이야기 李弼商·鄭光夏 共著 〈170면 / 2,500원〉
88	經濟成長 이야기 金洙權 著 〈172면 / 2,200원〉	106	브랜드의 知識 金成濟 著 〈190면 / 2,500원〉
89	호텔經營 입문 申鉉柱 著 〈158면 / 2,000원〉	107	백화점 이야기 郭永壽 著 〈180면 / 2,500원〉
90	勞使協商戰略 李達坤 著 〈172면 / 2,200원〉	108	土地超過利得稅의 지식 金東洙 著 〈212면 / 2,500원〉
91	不動産鑑定評價 李源俊 著 〈222면 / 2,500원〉	109	海運 이야기 金聖浩 著 〈180면 / 2,500원〉
92	債券投資의 知識 金昇佑 著 〈148면 / 2,000원〉	110	CIM시스템의 이해 김윤상·박광태 共著 〈200면 / 2,500원〉